ANDRÉ CHÉRADAME

LES CAUSES LOINTAINES

DE LA GUERRE

(1925)

André Chéradame

Les causes lointaines

de la guerre

(1925)

Publié par Omnia Veritas Ltd

Omnia Veritas

www.omnia-veritas.com

PRÉFACE **9**

CHAPITRE I **13**

COMMENT QUELQUES FRANÇAIS SE SONT EFFORCÉS D'ÉTABLIR LA
RESPONSABILITÉ DE LA FRANCE DANS LA GUERRE 13
   I. La Victoire de M. Fabre-Luce 15
   II. La campagne de la revue Europe 27
   III. MM. Ernest Judet et Georges Louis 28
   IV. M. Caillaux sur l'origine de la guerre 58

CHAPITRE II **61**

LA FRANCE N'A AUCUNE RESPONSABILITÉ DANS LA GUERRE 61
   I. La seule hypothèse dans laquelle on peut supposer que la France n'aurait pas été entraînée dans la lutte est absurde 61
   II. Les faits rappelés et les documents produits par M. Charles Humbert, rapporteur de la commission de l'armée au Sénat en 1914, avant la guerre, démontrent aussi nettement que possible le caractère agressif des armements de l'Allemagne depuis 1906. 64
   III. Des hommes d'état britanniques, bien placés pour avoir su la vérité, M. Winston Churchill et Lord Grey, reconnaissent que la France a fait tout ce qu'elle a pu pour éviter la guerre 71

CHAPITRE III **73**

RAISONS FONDAMENTALES DES ERREURS DE JUGEMENT DE CEUX QUI
DÉCLARENT QUE LA FRANCE A UNE PART DE RESPONSABILITÉ DANS LA
GUERRE 73
   I. Ils ne tiennent aucun compte des faits antérieurs même quand ces faits établissent de la façon la plus nette les intentions agressives austro-allemandes 74
   II. Notamment, ils ne font aucune allusion aux tentatives d'emprunt, sur le marché de Paris, cependant révélatrices, faites en 1909 et en 1911 par les gouvernements hongrois et austro-hongrois 76
   III. Ils ne réalisent pas l'importance capitale pour la paix du

monde de l'indépendance de l'Europe centrale slave et latine. 82

CHAPITRE IV 85

LES CONDITIONS À RÉALISER POUR DISCERNER LES VÉRITABLES CAUSES DE LA GUERRE 85

I. Il ne faut pas chercher à soutenir une thèse, mais à dégager la vérité que révèlent les faits essentiels 85

II. Pour trouver les véritables origines de la guerre, il faut remonter assez loin, p. 90

CHAPITRE V 93

LES DEUX GRANDES RAISONS LOINTAINES DE LA GUERRE 93

I. Première raison lointaine directe de la guerre. Le pangermanisme 94

II. Seconde raison lointaine indirecte de la guerre. Le pacifisme 98

CHAPITRE VI 121

SLAVO-LATINS ET GERMANO-MAGYARS EN AUTRICHE-HONGRIE AVANT LA GUERRE 121

I. Différences capitales entre l'état de la démocratie en Occident et en Europe centrale 123

II. L'intérêt européen des crises autrichiennes dès 1897 128

III. Les races en présence en Autriche............................ 130

IV. Pourquoi au point de vue européen, la rivalité des races présente plus d'importance en Bohême que dans le reste de l'Autriche — La Bohême stratégique. — Tchèques et Allemands.. 136

V. La lutte à propos des ordonnances sur les langues de 1897 marque les débuts du Pangermanisme en Autriche 140

VI. La propagande croissante en Autriche des sociétés inspirées de Berlin et ses résultats dès 1897 144

VII. Situation intérieure générale de la monarchie des Habsbourg à la veille de la guerre.................................. 151

CONCLUSIONS 155

Les causes lointaines de la guerre

ANDRÉ CHÉRADAME

Préface

Le 15 août 1925,

Depuis longtemps, je veux publier une démonstration documentée des véritables causes de la guerre mondiale. Si étrange que cela soit, en 1925, sept années après l'armistice, les véritables causes du prodigieux conflit qui ensanglanta l'Europe sont encore fort mal connues. La preuve en résulte, d'ailleurs, des grandes erreurs stratégiques de l'Entente pendant la guerre et de ses fautes politiques depuis la paix, fautes et erreurs aujourd'hui reconnues et amèrement déplorées par un nombre croissant des citoyens des pays alliés.

En effet, c'est essentiellement pour n'avoir pas exactement compris *pourquoi* l'Allemagne a fait la guerre, — son objectif essentiel ayant été d'établir son contrôle sur l'Europe centrale, — que les Alliés n'ont pas dès le début découvert *comment* il fallait conduire la guerre pour vaincre vite l'Allemagne en faisant obstacle à la partie principale de son plan. Si celle-ci avait été bien « réalisée » à Paris et à Londres, les alliés auraient organisé au plus vite l'expédition Salonique-Vienne-Prague-Berlin qui, en outre, était l'opération la plus propre à mettre fin à la pression allemande sur le front occidental, comme on finira bien par s'en persuader.

De même, si les dirigeants de la France avaient saisi, dès l'armistice, l'importance extrême pour l'avenir de la Paix et de la France, des États slaves et latins de l'Europe centrale que la victoire alliée venait de constituer ou d'agrandir, ils n'auraient pas admis que la Pologne, la Tchécoslovaquie, la Roumanie, la Yougoslavie et la Grèce fussent sottement qualifiées de pays à « intérêts limités » et ils auraient tenu avec énergie à ce que les représentants de ces pays fussent constamment admis dans les grandes conférences de la paix, sur le même pied que les autres puissances. Cette attitude de la France aurait suffit à lui assurer la majorité dans les conférences et, aujourd'hui, elle n'aurait pas à déplorer l'effroyable duperie dont elle a été victime pour s'être livrée, avec une inconcevable naïveté, à MM. Wilson, Lloyd George, etc., après avoir écarté d'elle, dans toutes les réunions décisives, ses fidèles alliés et amis de l'Europe centrale.

L'établissement des véritables causes de la guerre n'est donc pas seulement intéressant pour l'intelligence historique du passé, il a, en outre, une importance capitale pour la compréhension du présent et la préparation de l'avenir.

Mais j'ai attendu, pour produire mes preuves et arguments, le moment où leur action pourrait être particulièrement utile, c'est-à-dire, la période où se trouverait en pleine évolution vers le succès la manœuvre allemande qu'au début de 1922 j'annonçais en ces termes dans La Mystification des Peuples Alliés, p. 259 :

L'idée que l'Allemagne n'est pas seule responsable de la guerre « a été lancée surtout après que l'Allemagne eut obtenu par les accords de Londres (mai 1921) que sa dette fût fixée à un chiffre relativement très bas. Une fois ce résultat assuré, l'objectif des

Allemands a été de ne plus rien payer du tout. En conséquence, ils ont fait répandre dans les pays alliés l'idée que, tout bien considéré, l'Allemagne n'est pas la seule responsable de la guerre. Le résultat escompté de cette propagande est que, une fois admise l'idée que les responsabilités doivent être partagées, l'Allemagne ne doit pas être seule à payer les réparations. Si elle doit de ce chef, la France aussi lui doit. Par conséquent, les deux dettes s'annulent finalement et économiquement l'Allemagne gagnera la partie. »

Au début de 1925, cette manœuvre allemande est en plein développement dans tous les pays du monde. Dans une interview publiée le 21 avril 1925, par le *British United Press*, le maréchal Hindenburg, quelques jours avant d'être élu Président du Reich, proclamait : « L'Allemagne doit être lavée des mensonges répandus sur les responsabilités de la guerre. » Le moment est donc venu de publier ma démonstration, afin de constituer l'arsenal de faits et d'arguments où pourront puiser ceux qui voudront rétablir la vérité.

Le sujet est si étendu et si complexe qu'il demande à être exposé en deux livres distincts. Le premier, — celui-ci —, expose *Les Causes lointaines de la Guerre*, c'est-à-dire celles qui, de 1895 à 1912, ont engendré virtuellement le conflit.

Un second ouvrage, *La Cause immédiate de la Guerre*, démontre que c'est essentiellement la volonté des Germains de Vienne et de Berlin de détruire les résultats des guerres balkaniques de 1912-1913, consacrés par le Traité de Bucarest du 10 août 1913, résultats rendant impossible la réalisation du Pangermanisme, qui déchaîna la lutte mondiale.

Méheudin par Ecouché (Orne).

Le 15 août 1925.

CHAPITRE I

COMMENT QUELQUES FRANÇAIS SE SONT EFFORCÉS D'ÉTABLIR LA RESPONSABILITÉ DE LA FRANCE DANS LA GUERRE

— I. *La Victoire de M. Fabre-Luce.* — II. *La campagne de la revue Europe.* — III. *MM. Ernest Judet et Georges Louis.* — IV. *M. Caillaux sur l'origine de la guerre.*

La manœuvre allemande tendant à convaincre l'opinion universelle que l'Allemagne n'est pas seule responsable de la guerre a fait des progrès d'autant plus rapides qu'elle a été puissamment aidée dans le pays où on aurait pu croire un pareil concours impossible, c'est-à-dire en France.

Assurément, aucun Français d'une autorité morale reconnue n'a soutenu la thèse de la culpabilité de la France. Ceux qui n'ont pas hésité à l'appuyer, au contraire, généralement avaient vu déjà, pour des raisons diverses, leur autorité sérieusement contestée. Il est cependant nécessaire de rappeler avec précision ce qu'ils ont dit en raison du concours qu'ils ont prêté à la propagande allemande et afin d'établir comment des affirmations odieuses et de pauvre valeur ont, cependant, pu se produire devant l'opinion publique en raison de la lamentable inertie d'une trop grande partie de celle-ci.

I. La Victoire de M. Fabre-Luce

M. Ernest Renauld dans son *Histoire populaire de la Guerre* 1914-1919 et M. Gouttenoire de Toury dans son livre : *Poincaré a-t-il voulu la guerre ?* ont commencé la campagne tendant à établir que la France a une part de responsabilité dans l'éclat de l'effroyable lutte. Elle a été continuée, d'une façon plus méthodique, dans le livre *La Victoire* de M. Alfred Fabre-Luce, fils du vice-président du Crédit lyonnais.

Je ferai de larges citations de cet ouvrage, non pas certes à cause de sa valeur, mais en raison du parti qu'en ont tiré les adversaires de la France.

Le livre de M. Fabre-Luce constitue, en effet, le réquisitoire le plus complet qu'un cerveau systématique puisse dresser, en ratiocinant sur le sens possible des dépêches et pièces diplomatiques échangées avant la lutte, pour démontrer la responsabilité de la France dans la guerre. L'Allemand le plus minutieux et le plus haineux serait difficilement arrivé à dresser un tableau plus tendancieux contre la France. M. Alfred Fabre-Luce a positivement la monomanie du culpabilisme de son pays. Cette forme de névrose ayant pris un caractère presque épidémique dans les milieux pacifistes des pays qui furent alliés, il est, au surplus, nécessaire d'en étudier la manifestation morbide au moyen d'un examen suffisamment approfondi du livre de M. Fabre-Luce.

Pour M. Fabre-Luce, la France a provoqué l'Allemagne bien avant 1914.

« Du côté français, c'est l'imprudence de Delcassé qui a donné le départ vers la guerre. À une saine politique d'ententes méditerranéennes, ce ministre imprima une direction anti-allemande *qui ne lui était aucunement essentielle*. Négocier la question marocaine en dehors de l'Allemagne, acheter notre protectorat à toutes les puissances maritimes de l'Europe, en affectant d'ignorer celle dont nous dépendions le plus, lui opposer systématiquement les précédents de son ancienne tradition continentale, que ses progrès rendaient périmés, c'était adopter une attitude qui ne pouvait se justifier que par un refus de reconnaître l'avènement de l'Allemagne comme puissance mondiale, et devait nécessairement être sentie par elle comme une insulte ». (v. *op. cit.,* p. 259.)

« Les provocations de Berlin entraient dans le plan français et on était prêt à les déterminer par des pièges ». (v. *op. cit.,* p. 268.)

« Mais entre temps, il y a le coup d'Agadir, voici encore une apparition brillante de la force allemande. Mais, le geste est-il sans prétexte? Il vient après un long silence de la France succédant à une violation des accords signés ». (v. *op. cit.,* p. 125.)

M. Fabre-Luce expose comme il suit que dans l'affaire du Maroc, la France n'a pas agi de bonne foi.

« Si l'on compare l'enchaînement des faits tels qu'ils se dégagent des documents et des témoignages avec les commentaires quotidiens des journaux de l'époque, *on verra qu'en toutes ces occasions l'opinion française a été induite en erreur par une altération systématique des faits*. Cette infidélité de la chronique à l'histoire a été particulièrement marquée en 1911. La presse a laissé croire au pays que l'Allemagne avait depuis 1909 renoncé à tous ses droits sur le Maroc et a affecté de considérer sa protestation de 1911 comme une réclamation sans fondement, une simple provocation; puis elle a dénoncé le marché conclu comme une humiliation. Déjà se développait alors la manœuvre qui allait mener en 1914 à présenter les démarches de l'Allemagne à Paris et à Pétrograd (le 25 et le 29 juillet) comme des *ultimatums*. Déjà se mêlait au récit des négociations le langage de la guerre. Et le fossé qui séparait les peuples s'en creusait chaque jour davantage ». (v. *op. cit.*, p. 128).

Cette attitude de la France fut d'autant plus coupable que, d'après M. Fabre-Luce, la placide Allemagne faisait avant la guerre, preuve d'une remarquable modération.

« *L'Allemagne n'a pas pratiqué la politique d'extension que ses moyens lui permettaient* ». (v. *op. cit.*, p. 83.)

« L'action personnelle de l'Empereur (Guillaume II) sur la politique de son pays a été souvent représentée avec exagération. Sans doute, ses manifestations brillantes ont eu beaucoup de retentissement en Europe et aggravé des situations difficiles. Mais si nous considérons plutôt les actes que les expansions verbales, nous verrons que dans la plupart des circonstances importantes, Guillaume a bien été, comme le dit Schoen, un souverain strictement constitutionnel ». (v. *op. cit.*, p. 196.)

« Le traité de Bjorkoe, déjà, est une tentative indirecte d'imposer l'alliance à la France (il doit jouer contre elle, si elle n'y adhère pas). La manœuvre de 1905 tend plus impérieusement au même but. Pourtant, le Kaiser ne désire pas aller jusqu'à la guerre. Il trouve plus glorieux, plus moderne, plus conforme à son ambition, d'être l'empereur de la paix que l'empereur de la Victoire ». (v. *op. cit.,* p. 197.)

Si la Russie est devenue belliqueuse, la faute en est pour une bonne part à la France, nous apprend M. Fabre-Luce : « *Et le changement qui s'est produit à Berlin pendant les derniers mois de l'avant-guerre s'est opéré en réponse à une évolution de la politique franco-russe.* » (v. *op. cit.,* p. 270.)

« Si la politique française de resserrement des alliances avait été conduite dans une intention de paix, il faudrait donc encore la dénoncer comme singulièrement maladroite pour avoir créé à Berlin — tous les documents nous le démontrent — la conviction sincère que la Patrie était en danger ». (v. *op. cit.,* p. 271.)

Pour M. Fabre-Luce, en 1914, la douce Allemagne est tombée dans un piège, beaucoup plus qu'elle n'y a fait tomber les autres.

« *Ainsi la politique de l'Allemagne a été fondée sur une double méprise* (au moment du meurtre de François-Ferdinand) *elle croit que la Triple Entente cédera, elle croit que s'il n'en était pas ainsi, elle pourrait encore exercer à temps sur l'Autriche une action conciliatrice.* » (v. *op. cit.,* p. 35.)

« *À ce moment, Bethmann-Holweg a toutes les raisons de croire que le désintéressement autrichien est sincère et que la Russie s'en contentera* ». (v. *op. cit.,* p. 38.)

« En réalité, il y a depuis le début entre l'Autriche et l'Allemagne un malentendu sur le but à poursuivre et sur la portée de l'approbation allemande. » (v. *op. cit.*, p. 42.)

Pour M. Fabre-Luce, M. Delcassé et surtout M. Poincaré sont les grands responsables de la guerre. C'est leur faute si : « *la France désirant former une ligue de défense contre l'Allemagne n'avait réuni qu'un syndicat de conquérants.* » (v. *op. cit.*, p. 138). Le Quai d'Orsay, lui aussi, est coupable. Il « témoigne que s'il ne tolérait pas un nouvel Agadir, il ne craint pas du moins d'en imposer un à l'Allemagne. » (v. *op. cit.*, p. 159).

« *En somme, Poincaré à chaque controverse internationale tente la chance. S'il trouve les vents contraires, il attend une occasion meilleure; s'il espère des alliés un courant favorable, il choisit une ligne diplomatique inflexible, il déclare à la Russie qu'au cas où l'Allemagne n'y adhérerait pas, le mécanisme de l'alliance serait aussitôt mis en jeu.*

« En même temps, il met à profit le délai que lui conseillent les événements pour réaliser la tâche de propagande qu'il s'est assignée. Aussitôt élu, il a parlé à Isvolsky de « la nécessité de préparer l'opinion à un conflit balkanique. » Et, en effet, se succèdent en 1913 et 1914 des symptômes significatifs : envoi de Delcassé comme ambassadeur à Pétersbourg accompagné d'une lettre personnelle de Poincaré au tsar, indiquant que sa mission principale sera de veiller à la collaboration franco-russe en Orient et à la construction de chemins de fer stratégiques; discours officiels où des phrases équivoques sont accentuées d'un ton provocant; campagne d'articles où l'armée russe est glorifiée sans mesure. *Enfin quotidiennement, l'idée de la sécurité menacée est utilisée pour justifier une politique dont la première conséquence est de créer chez l'ennemi un sentiment analogue; il n'y a plus qu'à attendre les manifestations, qui seront à leur tour le point de départ d'une nouvelle surenchère de nationalisme. Ainsi peut-on, de part et d'autre, entraîner la grande masse silencieuse et pacifique qui ne sort de son apathie que si on lui montre le fantôme d'un envahisseur.* » (v. op. cit., p. 166.

« *Comme il l'a fait à plusieurs reprises en 1912 et en 1913, dans des circonstances graves, Poincaré promet au gouvernement russe la fidélité de la France dès le début de la crise et sans avertissement ni réserve, le libérant ainsi du frein que pourrait constituer le contrôle allié ; il donne à l'action commune des deux diplomaties, dans un litige où la France n'est pas directement intéressée, une base rigide dont le maintien en toutes circonstances doit accroître les chances de guerre ; enfin, prévenu des résolutions extrêmes et prématurées que va prendre la Russie, il se borne à lui donner des conseils qui peuvent peut-être rendre son action plus efficace, mais non plus pacifique* ». (v. op. cit., p. 205.)

« Donc, pas d'équivoque possible sur l'attitude de Poincaré à Pétersbourg entre le 20 et le 23 juillet (1914). Sans posséder aucun élément d'appréciation sur la nature des revendications autrichiennes et sur les intentions de l'Allemagne, il a pris une position de résistance énergique à laquelle il a donné un caractère définitif, et qu'en effet il ne modifiera pas d'une ligne jusqu'à la fin. Une telle politique postule que la volonté de l'adversaire est une force aveugle, incapable de revirements et de nuances, et lui enlève ainsi la tentation d'une évolution pacifique. Dès lors, il y a bien peu de chances d'éviter la guerre; et d'ailleurs, Poincaré a laissé à la Russie carte blanche pour la déchaîner quand elle voudra, puisque Paléologue, deux jours après son départ et, suivant des instructions, promet à Sazonof, sans aucune réserve, dès la remise de l'ultimatum autrichien, que la France remplira toutes ses obligations d'alliée, puisque Viviani, qui voyage avec le Président déclare à Nekludof à Stockholm, le 25 juillet, que « si c'est la guerre pour vous, ce sera, bien entendu, aussi la guerre pour nous ». (v. *op. cit.*, p. 209).

« D'ailleurs, les conseils donnés par Messimy paraissent exprimer une méconnaissance des conditions de la mobilisation russe si extraordinaire qu'elle n'est pas vraisemblable. N'étant pas susceptibles d'aucune application pratique, ils se ramènent en fait à une approbation de la mobilisation générale, *et il faut supposer que le gouvernement français avait seulement pour but de la favoriser tout en dégageant sa responsabilité*. Le soir du même jour (30 juillet), Paléologue, simulant une obéissance de Pétersbourg, télégraphiait : « Le gouvernement russe a résolu de procéder secrètement aux premières mesures de la mobilisation générale » — ce qui, à vrai dire, n'a aucun sens, la mobilisation générale étant par définition un ordre *public* qui ne peut rester ignoré. Le lendemain 31, il confirmait plus simplement : « La mobilisation générale est ordonnée. » Mais le gouvernement français a substitué à cette phrase laconique un texte fictif et explicatif où il justifie la décision russe par la mobilisation générale autrichienne et les préparatifs allemands ». (v. *cit., op.* p. 212)

Quant à Viviani, il n'est pas moins coupable que Poincaré ; M. Fabre-Luce l'accuse nettement d' « altérer les faits ». Viviani « antidate de deux jours la décision allemande de mobilisation, postdate d'un la décision russe afin de la faire apparaître comme une réponse aux mesures germano-autrichiennes. » (V. *op. cit.,* p. 26.)

Si le Gouvernement russe s'est laissé engager dans la guerre, en réalité, la responsabilité pour M. Fabre-Luce en remonte, pour une part très notable, au gouvernement français.

« Privé de l'appui d'une résistance française, le gouvernement de Pétersbourg s'est laissé entraîner peu à peu par un courant belliqueux. Le Tsar veut sincèrement la paix. Mais comment attendre qu'il l'impose jusqu'au bout quand on connaît son caractère féminin, versatile et la légèreté avec laquelle il s'est laissé entraîner dans la guerre russo-japonaise? » (v. *op. cit.,* p. 213.)

En présence d'une pareille attitude de la France, les braves gens de Berlin ne sont-ils pas excusables de s'être laissés emporter par les événements ? M. Fabre-Luce qui paraît ignorer complètement que le gouvernement de Berlin, grâce à son ancien et considérable réseau d'espionnage en Russie, était beaucoup mieux renseigné que le Tsar lui-même, nous assure avec sérénité :

« *Le gouvernement allemand a donc les plus grandes difficultés à apprécier le degré de la mobilisation russe.* Il ne peut pas se fier aux déclarations de Pétersbourg, puisqu'il est informé par le tsar lui-même, le 29, qu'on l'a trompé pendant cinq jours. Il est porté à juger la situation comme grave, car, s'il semble ignorer la solidarité absolue des mobilisations russes, il discerne pourtant qu'il s'agit d'un grand mouvement progressif, qui s'épanouira en agression si on ne l'arrête pas dès l'origine. *Qu'on se représente dans cette atmosphère l'état d'esprit des dirigeants assiégés de nouvelles alarmantes et contradictoires ; l'excitation qui règne à Berlin et se transmet aux négociations, où la hâte constitue par elle-même un facteur de guerre ; l'ascendant que prennent en présence du danger les chefs militaires sur le gouvernement, la coalisation de peur, de méfiance et d'orgueil qui se forme et vient paralyser les volontés pacifiques ; on aura la véritable physionomie de la situation. »* (v. *op. cit.*, p. 216.)

« *Et nous revenons ici à la mobilisation partielle russe comme au phénomène capital,* car c'est son progrès, mal distinct de la mobilisation générale, qui a donné aux militaires le prétexte et l'audace nécessaires pour essayer de « tourner » la position du chancelier ». (v. *op. cit.*, p. 219.)

« *À notre sens, il n'est pas douteux que le 29, au moment où il a reçu la nouvelle de la mobilisation des treize corps russes, le gouvernement allemand voulait sincèrement la paix, et en apercevait les moyens. Ce jour-là une occasion s'offrait que le Chancelier avait toujours attendue et que seul le progrès menaçant de la mobilisation ennemie l'a empêché de saisir.* » (v. *op. cit.*, 222.)

« Pour hâter l'intervention russe tout en assurant l'intervention anglaise, on (le gouvernement français) a été jusqu'à violer à deux reprises la convention militaire de 1892. Elle stipulait que le signal des mobilisations devait être donné par la Triplice : c'est la Russie qui prend l'initiative ; que les mobilisations russe et française devaient être simultanées ; deux jours s'écoulent entre l'une et l'autre. Si le gouvernement français a ainsi, contre l'avis initial de Viviani, retardé sa décision, c'est pour pouvoir organiser une prestidigitation diplomatique. On sait à Paris que la mobilisation russe entraînera fatalement la mobilisation allemande à bref délai ; en laissant celle-ci précéder la mobilisation française, on lui donne l'apparence d'en être la seule cause; on semble rester fidèle à l'esprit défensif de la double alliance. *Le dénouement étant déjà acquis à Pétersbourg, avant de l'enregistrer à Paris, on lui cherche des motifs.* Pour justifier son attitude, le Quai d'Orsay feint de n'être informé de la décision russe qu'avec trente heures de retard; quand il transmet enfin la nouvelle à Londres, c'est en la présentant comme une réponse à la mobilisation générale autrichienne, qui est intervenue depuis. Et ceci permet à Poincaré d'écrire le 31 au Roi George V : « Nous avons nous-mêmes, dès le début de la crise, recommandé à nos alliés une modération *dont ils ne se sont pas départis* » et de lui présenter encore, à une heure où il sait la guerre certaine, l'intervention anglaise comme un facteur de paix ». (v. *op. cit.*, p. 227.)

« La provocation diplomatique venait des empires centraux, mais elle ne créait pas de péril urgent; la provocation militaire n'était pas entièrement inattendue, mais elle obligeait l'Allemagne à des contre-mesures immédiates. En réalité, *l'Allemagne et l'Autriche ont fait les gestes qui rendaient la guerre possible : la Triple Entente a fait ceux qui la rendaient certaine* ». (v. *op. cit.*, p. 232.)

« *Ainsi l'Europe entière a mal résisté à la guerre. Il n'est pas légitime pourtant d'en conclure, comme le font certains, à une égalité des groupes. L'excuse des empires centraux, c'est seulement d'avoir laissé des chances à la paix; la faute de l'Entente, c'est surtout de ne les avoir pas saisies.* » (v. *op. cit.*, p. 238.)

« Si les fautes de l'Entente sont moins clairement apparues que celles de leurs adversaires, c'est souvent pour des raisons fortuites, et d'apparence. » (v. *op. cit.*, p. 240.)

Ces citations abondantes permettent de se convaincre que je n'ai pas exagéré. Elles prouvent que, tout en paraissant vouloir rester objectif, M. Fabre-Luce s'efforce, avec une ténacité de maniaque, à mettre en lumière tout ce qui tendrait à prouver la part de responsabilité des dirigeants de la France et toutes les causes d'excuses que pourrait invoquer l'Allemagne.

Ces soi-disant démonstrations sont, au fond, sans la moindre valeur, pour les raisons suivantes : M. Fabre-Luce s'imagine naïvement que, parce qu'il est diplômé de l'École libre des Sciences Politiques, licencié en droit, en histoire et en philosophie que, parce qu'il a été attaché au Quai d'Orsay, à l'ambassade de Londres et au Ministère de l'Intérieur, il est en mesure de nous exposer les causes de la guerre. Or, M. Fabre-Luce, né en 1899, n'avait que 25 ans quand il publia son livre en 1924. En somme, il se contente d'épiloguer sur des textes et un petit nombre de faits; il est manifeste qu'il n'a pas voyagé, qu'il ignore profondément le Pangermanisme, l'Europe centrale et orientale et les grands faits essentiels qui y sont nés et qui constituent les causes fondamentales et anciennes de la guerre. (v. Ch. V et VI.)

En somme M. Fabre-Luce ne sait rien de ce qui est pourtant indispensable pour avoir le droit d'exposer les causes de la guerre.

Mais, naturellement, ces lacunes fondamentales n'ont pas empêché le livre de M. Fabre-Luce de servir considérablement la propagande allemande. Le plus anti-français des Anglais, le Dr. Morel, avant de rendre au Créateur son âme de germanophile irréductible, a fait traduire et distribuer à profusion le livre de M. Fabre-Luce en Angleterre, afin d'y développer l'hostilité contre la France. Ce résultat ayant été largement obtenu, on ne saurait donc contester à M. Fabre-Luce la réalité de ce succès !

II. La campagne de la revue *Europe*

En novembre 1924, le Revue *Europe* continua la campagne tendant à établir la responsabilité de la France en publiant des extraits du carnet de notes de M. Georges Louis qui fut ambassadeur de France à St-Pétersbourg jusqu'en 1912. Celui-ci, notamment, a assuré que M. Stephen Pichon lui aurait dit : « Ah ! si on vous avait laissé là-bas; si vous étiez resté ambassadeur à Pétersbourg et si j'avais été aux Affaires Étrangères, nous n'aurions pas eu la guerre », et M. Louis aurait répliqué : « Certainement, vous au Quai d'Orsay et M. Fallières à l'Élysée, la guerre n'éclatait pas. J'ai dit cela un grand nombre de fois. »

M. Georges Louis a attribué à M. Cambon et à M. Paléologue des propos analogues à ceux de M. Pichon, tendant tous à faire considérer M. Raymond Poincaré comme le principal responsable de la guerre. MM. Pichon, Cambon, Paléologue ont démenti formellement les paroles qu'on leur attribuait; mais, comme on peut aisément l'imaginer, la publication des affirmations de M. Louis n'en fut pas moins accueillie à Berlin avec enthousiasme. La presse allemande déclara que la responsabilité de M. Poincaré au sujet de la guerre était désormais établie.

III. MM. Ernest Judet et Georges Louis

Puis, la campagne reprit de plus belle au début de 1925, quand parut le livre de M. Ernest Judet intitulé : *Georges Louis*. Pendant une longue durée, directeur du *Petit Journal,* puis de *L'Éclair,* dans les années qui précédèrent la guerre, M. Judet, était depuis longtemps, en conflit avec M. Clemenceau. Celui-ci, au pouvoir pendant la guerre, accusa M. Judet de menées pro-allemandes. Condamné par contumace, M. Judet demanda la révision de son procès en 1923. Il obtint du jury un acquittement.

Constatons d'abord les affirmations de M. Judet, telles qu'il les a produites dans son livre. Nous les confronterons ensuite avec les faits, afin de les apprécier aussi exactement que possible.

Pour M. Judet, de 1912 à 1913, « trois acteurs de marque se coalisèrent contre un seul adversaire, pour faire virer dangereusement la politique européenne : alors conspirèrent ensemble Isvolsky, Sazonoff et, derrière le rideau, dans la pénombre, M. Poincaré ». (v. *op. cit.* p. 15.)

M. Judet adopte avec une satisfaction manifeste le point de vue suivant de M. Louis.

« Poincaré s'est fait l'instrument d'Isvolsky, et c'est ce dernier qui, en liant partie avec Tittoni, a déclaré la guerre tripolitaine. De la guerre balkanique est sortie la guerre actuelle ». (v. *op. cit.,* p. 246.)

Pour M. Judet, c'est M. Isvolsky, principalement, qui a déchaîné la guerre : « Chaque fois qu'Isvolsky éprouvait le besoin urgent de stimuler le zèle de notre gouvernement, il recourait aux grands moyens avec un aplomb égal au charlatanisme. ».... *Il a eu sa guerre :* il est mort enseveli sous les débris de sa patrie. » (v. *op. cit.*, p. 54.) « S'il a quitté Saint-Pétersbourg, s'il est ambassadeur, c'est pour agir plus vite et rayonner plus loin, gouverner plus sûrement l'Europe et mener, même au prix d'une guerre générale, la Russie à ses fins, *aux Détroits et à Constantinople*. C'est le rêve de ses nuits, l'œuvre de ses jours. ». (v. *op. cit.*, p. 55.)

« Il avait sur le cœur la journée du 15 septembre 1908 dans le château de Buchlau, où, hôte du comte Berchtold, un accord fut réglé par ses soins entre l'Autriche-Hongrie et la Russie héritières de l'empire ottoman. Le comte d'Aerenthal devenait libre d'annexer la Bosnie-Herzégovine conformément aux stipulations du traité de Berlin; en retour, il acceptait le libre passage des Russes aux Dardanelles. » (v. *op. cit.*, p. 148.)

« Isvolsky surgit à point pour accomplir le vœu impérial. Il se faisait fort de racheter par l'ouverture des Détroits, par une consécration nouvelle à Sainte-Sophie, la perte de Port-Arthur et de l'hégémonie en Mandchourie. » (v. *op. cit.*, p. 302.)

« La destruction de l'Autriche était son objectif; il la boycottait à Paris comme à Saint-Pétersbourg. Il ne souffrait pas que l'Autriche conservât des relations ordinaires avec nous, et que Saint-Pétersbourg admît une solution moyenne des révolutions balkaniques. » (v. *op. cit.*, p. 190.)

M. Judet accuse, à juste titre d'ailleurs, M. Isvolsky de s'être créé, à prix d'argent, une bonne presse en France; mais, nous verrons plus loin que cette accusation doit être étendue à d'autres diplomates étrangers en France.

« Si nous nous décidons effectivement à soulever maintenant la question des Détroits (disait M. Isvolsky dans une dépêche à son gouvernement), il est très important de nous préoccuper d'avoir ici « une bonne presse ». Or, sous ce rapport, je suis privé de l'arme principale...

« Un exemple de l'avantage qu'il peut y avoir à dépenser ici de l'argent pour la presse nous est fourni par l'affaire de la Tripolitaine. Je sais que Tittoni a travaillé les principaux organes français d'une façon très approfondie et avec une main très généreuse. Les résultats sont évidents. » (v. *op. cit.*, p. 73.)

Donc, pour M. Judet, M. Isvolsky a déchaîné la guerre; mais, M. Georges Louis l'aurait empêchée si M. Poincaré l'avait laissé faire.

M. Judet reproduit, comme l'expression de la vérité certaine, cette affirmation de M. Georges Louis : « C'est l'Allemagne qui a déclaré la guerre, mais c'est par la faute de notre Gouvernement qu'elle a pu la faire éclater.

« Elle n'attendait qu'une occasion, parce qu'elle était prête et qu'elle savait que ses adversaires ne l'étaient pas. Nous aurions dû tout faire pour détourner ou retarder le coup qu'elle voulait frapper. Nous avons au contraire laissé les fauteurs de la guerre préparer de longue main l'occasion qu'ils désiraient faire naître. » (v. *op. cit.*, p. 298.)

M. Judet est persuadé que Nicolas II a commis la faute de ne pas écouter M. Georges Louis qui seul aurait pu sauver la Russie. Nicolas II « ne se douta certainement pas que l'ambassadeur invité à sa table allait emporter avec lui la paix du monde et le salut de l'Empire des Romanoff. » (v. *op. cit.*, p. 229.)

Quant aux tendances de M. Georges Louis, M. Judet les définit en ces lignes entre lesquelles il faut savoir lire :

« Soucieux des intérêts techniques de nos armées de terre et de mer en liaison avec les armées russes, il répudiait les intentions suspectes qui conduisaient tôt ou tard à la conflagration générale. N'est-ce pas le premier devoir d'un gouvernement qui se respecte de rendre les conflits difficiles et les ruptures impossibles ?

« Ayons des troupes encadrées et instruites, des généraux manœuvriers, un matériel neuf et de bonnes armes en parfait état! Mais l'économie d'une guerre vaut mieux que ses aléas tant que la dignité est sauve et que le recours au canon ne s'impose pas. Si la diplomatie n'est qu'une succursale accessoire du ministère de la guerre, si elle ne s'interpose pas avant que les affiches de mobilisation soient sur les murs, avant que la poudre ait parlé, elle abdique, elle cesse d'exister. Quand elle cède trop tôt la parole aux baïonnettes, elle néglige d'épuiser des ressources, des forces qui *priment* jusqu'à la dernière minute. Georges Louis ne consentit jamais à déserter son idéal de diplomate. Il travaillait à la paix et non à la guerre. » (v. *op. cit.* page 134.)

M. Georges Louis craignait que la Russie ne fît une politique provocante dans les Balkans, mais il a constaté lui-même combien Nicolas II était à cet égard prudent et mesuré.

« Mon entretien avec l'Empereur a porté principalement sur le conflit italo-turc et sur la situation des Balkans. Je m'étais d'abord référé à l'audience que Sa Majesté m'a accordée en septembre dernier. C'était une occasion de rappeler indirectement à la mémoire de l'Empereur toutes les raisons que la Russie a fait alors valoir en faveur d'une politique prudente, dans l'intérêt des deux pays alliés.

« Sa Majesté s'est montrée convaincue de la nécessité pour les deux gouvernements de se garder de toute action séparée, et d'unir leurs efforts afin d'écarter toutes les questions qui pourraient compliquer le conflit actuel. » (v. *op. cit.*, p. 104).

Mais cette constatation de son ami, M. Louis, ne suffit cependant pas à M. Judet. Il persiste à considérer toute action russe dans les Balkans comme ayant été inadmissible.

Dans un toast au roi du Monténégro, Nicolas II a dit :

« Le long développement pacifique et la prospérité du jeune royaume, sous la direction de Votre Majesté, trouveront à jamais un vif écho, la sympathie fraternelle et, *où il le faudra*, un soutien de ma part et de celle de la Russie ». (v. *op. cit.*, p. 176.)

M. Judet imprime en italique ce « où il le faudra » comme l'équivalent d'une provocation à l'Allemagne. M. Judet manifestement s'imagine que rien ne se faisait dans les Balkans que sous l'instigation de la Russie.

« C'est, ainsi que, subitement, éclate l'annonce du traité serbo-bulgare. C'était le premier anneau de la chaîne qui constituera l'Alliance balkanique. » (v. *op. cit.*, p. 178.)

Pour M. Judet, comme pour M. Louis, la France aurait dû détourner la Russie des Balkans et, surtout, s'abstenir d'y trouver elle-même le moindre intérêt. Il fait grief à M. Poincaré d'avoir admis en 1912, même en principe, que la guerre pût être une conséquence de la politique de l'Autriche dans les Balkans où cependant manifestement elle s'efforçait de frayer les voies au germanisme.

« Le 4-17 novembre 1912, Isvolsky, continue M. Judet, revenait à la charge, redoublait d'insistance et enlevait l'adhésion qui lui était si chère : ... M. Poincaré m'a répondu qu'il lui était impossible de formuler, même à titre privé, la ligne de conduite de la France dans l'éventualité d'une intervention active de l'Autriche, avant que le Gouvernement Impérial lui ai fait part de ses propres intentions.

« C'est à la Russie, me dit-il, qu'il appartient de prendre l'initiative dans une question dans laquelle elle est la principale intéressée : le rôle de la France est de lui prêter son concours le plus effectif...

« En somme, ajoute M. Poincaré, tout cela revient à dire que, *si la Russie fait la guerre, la France la fera aussi puisque nous savons que dans cette question, derrière l'Autriche, il y aura l'Allemagne.....* » (v. *op. cit.*, p. 60.)

Le langage de M. Poincaré était le bon sens même; mais M. Judet ne l'admet pas, car il persiste à croire que les guerres balkaniques de 1912-1913 ont été le fait de la Russie.

« Si le gouvernement de M. Poincaré — continue M. Judet — n'a pas su avant le mois d'août que la guerre était au fond des contrats signés en dehors de nous par l'Italie avec la Russie et par les agents russes avec les États balkaniques, c'est qu'il n'a pas écouté son ambassadeur (M. Louis) et, en essayant de le briser, en le diminuant, en l'obligeant à se défendre lui-même au lieu de continuer son travail d'information et de surveillance, il s'est privé de l'agent indispensable pour prévenir la guerre balkanique, lui barrer la route et empêcher la guerre mondiale. Dès le mois de janvier, Georges Louis appelait l'attention sur la politique austro-russe-italienne dont Isvolsky était l'inventeur et le metteur en scène. » (v. *op. cit.*, p. 169)

En exposant cette opinion, M. Judet ne fait que reproduire celle de M. Louis qui affirmait « pour M. Sazonoff comme pour M. Isvolsky, ce n'est ni en Chine ni en Perse, mais *dans les Balkans* que la Russie doit porter actuellement le principal effort de sa politique ». (v. *op. cit.*, p.175.)

M. Louis et M. Judet croyaient qu'il suffisait pour l'obtenir de réclamer dans les Balkans le maintien du *statu quo*.

« Quoi de plus rationnel, de plus sage, de plus urgent pour la France et non moins pour la Russie, dont nous ne pouvions pas nous séparer sans folie et dont il ne fallait pas épouser la démence ? C'était parler d'or : mais à Paris la politique en zigzag manque toutes les occasions de mener la barque européenne autrement qu'à la gaffe. » (v. *op. cit.*, p. 183).

C'est donc avec délices que M. Judet cite M. Crozier, ex-ambassadeur à Vienne, écrivant dans la *Revue de France*, avril 1921 :

« Quand M. Poincaré est arrivé au pouvoir, il avait son siège fait. Lui et Paléologue étaient des balkaniques. J'étais Français et Européen : je fus rappelé. Alors j'écrivis au Président du Conseil pour le mettre en garde contre sa politique, en soulignant que si, avec la mienne, on n'était pas sûr d'éviter la guerre, on gardait du moins le choix de l'heure. » (v. *op. cit.*, p. 189.)

La thèse de M. Louis est ainsi résumée :

« Il était donc clair que, si nous ne pouvions résister fortement sur le terrain marocain, nous devions être très prudents sur le terrain serbe. C'était là que l'Allemagne avait intérêt à engager le conflit. Nous sommes tombés en 1914 dans le piège que nous avions su éviter en 1909 ». (v. *op. cit.*, p. 297.)

« Notre intérêt était donc d'empêcher la question balkanique de grossir, puisque là était le piège où l'Allemagne comptait nous prendre. Déjà en 1909, la guerre avait failli éclater. Mais le Gouvernement français d'alors avait vu le danger, et il s'était empressé de le conjurer en laissant entendre au Ministre des Affaires Étrangères de Russie que nous ne pourrions pas le suivre, s'il continuait à envenimer l'affaire serbe.

« Malheureusement M. Isvolsky, devenu ambassadeur en France, put reprendre à Paris son duel avec le Ministre des Affaires Étrangères d'Autriche-Hongrie, et, bien qu'avertis les hommes qui dirigeaient nos affaires en 1912 le laissèrent irriter de plus en plus la plaie serbe qu'il entretenait depuis quatre ans aux flancs de l'Autriche.

« Nous ne menons pas, on nous mène.

« L'Impérialisme anglais vaut l'Impérialisme allemand. Le Panslavisme vaut le Pangermanisme. L'Église grecque vaut l'Église catholique. » (v. *op. cit.*, p. 298.)

Pour appuyer son attaque, M. Judet fait état de l'hostilité, bien connue des initiés, qui exista dans ses dernières années entre M. Deschanel et M. Poincaré. D'après M. Louis, M. Deschanel lui aurait dit : « Poincaré a déclenché la guerre parce que les Troisannistes croyaient qu'il y avait intérêt à faire la guerre avant que les adversaires n'aient eu le temps de modifier la loi.

« Il faudra nous débarrasser plus tard de ces hommes, civils et militaires, qui nous ont mené là. On instituera de grandes enquêtes sur les causes de la guerre. Vous serez interrogé : *car vous savez*. Et vous rendrez en répondant un grand service. » (v. *op. cit.*, p. 299.)

Et M. Judet qui, après la guerre, vit souvent M. Deschanel ajoute : « Sur les responsabilités de la guerre, il était inépuisable et il ne se gênait guère dans l'expression de son aversion à l'égard de Poincaré. C'est pourquoi sans doute, le 27 février 1915, il s'ouvrait à Louis : « L'année dernière, en juin, il m'a offert le pouvoir après l'échec de Ribot. C'était un piège. S'il me pousse à bout, je déclarerai que jamais je n'accepterai le pouvoir avec lui. » (v. *op. cit.* p. 300.)

Enfin le bouquet nous est donné à la fin du livre, *Georges Louis*, dans ces lignes par lesquelles M. Judet innocente le Kaiser :

« Dans cet écroulement, je ne vois pas la duplicité de Guillaume II, plus de vingt-cinq ans pseudo-arbitre de la paix, et mué soudainement en maître de la guerre. J'y lis en toutes lettres la débilité d'une pensée qui a fléchi quand elle devait être le plus inflexible, d'un caractère qui s'abat comme un roseau peint en fer, à la minute psychologique où il aurait dû bousculer les flatteurs et les alarmistes. Instruit par son *inoubliable grand-père*, ayant tracé à ses sujets leur route vers la mer, il est tombé dans la plus basse des embûches continentales, et il s'est effondré. » (v. *op. cit.*, p. 309.)

Passons maintenant à la réfutation des affirmations de M. Judet. Je me trouve, personnellement, d'autant plus à même de le faire que, jadis, je l'ai beaucoup connu.

J'entrai en rapport avec lui, il y a plus de 26 ans. Il était alors le Directeur tout puissant du *Petit Journal*. Dans cette période, M. Judet était un de ceux qui incarnaient en France l'idée de la résistance armée éventuelle à l'Allemagne. Il ne manquait pas une occasion de préconiser toutes les précautions qu'il convenait de prendre contre une attaque des troupes du Kaiser dans l'une quelconque des directions que menaçait la conception berlinoise de domination allemande universelle. Je ne saurais donner une meilleure preuve de cet état d'esprit qu'en reproduisant les lignes par lesquelles M. Judet présenta, sous les initiales de sa signature, à ses lecteurs, l'article de moi qu'il publia dans *Le Petit Journal* du 19 septembre 1899 pour y dénoncer le péril pangermaniste, article qu'il avait intitulé :

L'EMPIRE ALLEMAND, SON BUT POLITIQUE ET L'AFFAIRE DREYFUS

« Tandis que la France, absorbée par l'affaire Dreyfus, cessait de se gouverner elle-même, abandonnant le soin de ses propres destinées et, à plus forte raison, devenant incapable d'exercer la moindre influence au dehors, l'empereur allemand surveillait et mettait à profit notre catalepsie. Il avait d'abord la satisfaction de suivre nos défaillances sans aucun danger, et il travaillait froidement à en exploiter les avantages pour l'avenir.

« Le rôle exact, à la fois machiavélique et tentateur de l'Allemagne, durant ces deux dernières années, nous a souvent échappé il est nécessaire que nous le connaissions. Guidée par une pensée constante d'égoïsme pratique, elle se réglait sur le développement de nos divisions intérieures, qu'elle activait au besoin, pour obtenir par le désarmement de la France la suppression de notre rivalité militaire, et offrir alors son amitié humiliante à notre définitive impuissance.

« En cas de succès, elle aurait *sans guerre* gagné la partie qui l'inquiète le plus et pourrait ensuite se livrer sans inquiétude aux opérations fructueuses qui hantent l'imagination de Guillaume II. Il est préoccupé, à juste titre, de l'avenir précaire de l'Autriche-Hongrie, où la disparition de François-Joseph est synonyme de liquidation générale. Le Kaiser de Berlin veut être libre de ses mouvements pour le jour de l'action où le *pangermanisme* réclamera l'extension de l'empire des Hohenzollern vers le sud.

« Il importe autant à la France d'être forte pour cette suprême échéance qu'il serait utile à l'Allemagne de nous savoir faibles et *hors de la concurrence européenne.*

« Le développement de cette question brûlante a été étudié avec soin par M. André Chéradame, brillant lauréat de l'École des Sciences Politiques, chargé de plusieurs missions à l'étranger, qui lui ont permis de suivre attentivement le mouvement des idées et des événements extérieurs. Il appartient à cette jeune génération de patriotes dont la forte intellectualité n'a pas été gâtée par l'épidémie décadente dont nous avons déploré naguère l'épouvantable explosion.

« À tous ces titres, nous recommandons à nos lecteurs l'article suivant qui les initiera aux motifs inaperçus de la conduite de l'empereur allemand vis-à-vis de nous, qui les éclairera sur la valeur de faits et de paroles souvent mal comprises. Ils seront admirablement avertis de l'intérêt pressant qui nous fait un devoir de remettre en ordre les affaires françaises en vue de ce qui se prépare, de ce qui nous menace de l'autre côté de nos frontières.

E. J.

Ces opinions de M. Judet firent que, comme il est bien connu, il mena dans *Le Petit Journal* une campagne très ardente contre les dreyfusards qu'il accusait de faire le jeu de l'Allemagne en affaiblissant le moral militaire de la France. Dans cette lutte, M. Judet estimait que tous les moyens étaient bons. Je l'ai donc entendu, bien des fois, parler avec admiration de Mme Bastian qui, employée à l'ambassade d'Allemagne de la rue de Lille, avait souvent procuré des papiers de l'attaché militaire allemand, Schwartzkoppen, aux agents du 2e bureau français. Aussi, est-ce avec stupéfaction que, dans son livre sur M. Louis, j'ai constaté que M. Judet parlait avec indignation du danger de s'être procuré des documents à l'Ambassade d'Allemagne par des voies qui n'étaient pas très régulières. M. Judet, à cet égard, dit en effet :

« *Les documents verts* que l'Allemagne sans doute prétendrait avoir été volés dans son ambassade, contrairement aux règles de l'exterritorialité, auraient pu entraîner, une fois publiés, des demandes formelles d'explication, aggravées ensuite par une demande d'excuses et un ultimatum pour finir. » (v. *op. cit.*, p. 316.)

Jusque vers 1898, M. Judet eut la pensée tendue vers une guerre contre l'Allemagne qu'il considérait comme inévitable, en raison de la politique expansive de celle-ci. Son esprit combatif songeait tellement à cette lutte qu'il fit procéder, avec une préface de lui, à une réédition du livre fort remarquable du commandant Ardant du Pic : *Le Combat*.

Puis, en peu de mois, au moment de la mission Marchand et de Fachoda, l'objectif de M. Judet changea brusquement. M. Judet utilisa alors la tribune du *Petit Journal*, qu'il avait à son entière disposition, pour pousser le colonel Marchand à devenir le champion, en France, de la lutte contre l'Angleterre. L'évolution de M. Judet alla même si loin que, lorsque le colonel Marchand revint de Chine, en 1902, après la guerre contre les Boxers en passant par l'Allemagne, il parut favoriser une entrevue du colonel Marchand avec le Kaiser que certains s'efforçaient de préparer. Le colonel Marchand sut, par lui-même, éviter de tomber dans le piège que, pour ma part, je dévoilai dans *La Voix nationale* (15 et 17 août 1902). A partir de cette époque, mes relations avec M. Judet s'espacèrent considérablement. Chaque fois que je le rencontrais je constatais qu'il était de plus en plus hanté par l'idée fixe de voir se déchaîner, contre l'Angleterre, une guerre de la France alliée à l'Allemagne. Il essaya même de me convertir à ce point de vue, en me faisant valoir cet argument : « La France ne peut pas tirer grand'chose de l'Allemagne, tandis qu'à l'Angleterre on peut prendre. » M. Judet faisait ainsi allusion aux colonies britanniques qu'il croyait possible de partager avec l'Allemagne. Cette conception de M. Judet ne me paraissant tenir aucun compte des préparations agressives de l'Allemagne qui se multipliaient dans toutes les directions, ne pouvant le suivre, je cessai donc de le voir, avant même qu'il devînt directeur de *L'Éclair*. Je ne le rencontrai plus que fort rarement, lorsque le hasard nous réunissait, quand nous traversions ensemble la barrière de la Porte Maillot à Neuilly que nous habitions également.

En réalité, lorsque, au nom de la paix, M. Judet s'indigne de ce que M. Poincaré, sous la prétendue influence de M. Isvolsky, aurait rendu possible la guerre de 1914, M. Judet s'explique incomplètement sur ses sentiments pacifiques. Ce qui l'exaspère, ce n'est pas le fait que la guerre, considérée en général, ait eu lieu, ce qui irrite au fond M. Judet c'est que la guerre contre l'Angleterre ne se soit pas produite à la place de celle contre l'Allemagne dont, à partir de Fachoda, il n'acceptait plus l'idée pour des raisons que je n'ai jamais été à même de discerner clairement.

Dans les affirmations de M. Judet, il n'y a qu'une phrase correspondant entièrement à la vérité. C'est celle consistant à accuser M. Isvolsky, afin de favoriser sa politique, d'avoir fait le nécessaire pour avoir une « bonne presse ». À la suite de la publication des documents Raffalowitch, par *L'Humanité* en décembre 1923, j'ai moi-même signalé le fait à la page 26 de mon livre *Les vraies raisons du chaos européen*, paru en février 1924. Mais le fragment du rapport de M. Isvolsky cité par M. Judet (v. p. 23) établit aussi que le diplomate russe n'était pas seul coutumier du fait, puisqu'il dit nettement que M. Tittoni, ambassadeur d'Italie avait « travaillé les principaux organes français d'une façon très approfondie et avec une main très généreuse », dans l'intérêt des buts particuliers de la politique italienne.

La vérité entière est, d'ailleurs, encore plus pénible.

Il y a bien d'autres étrangers qui, avant la guerre, ne manquaient pas de faire ce qu'il fallait pour influencer de trop nombreux organes de la presse française. Ce funeste état de choses s'est encore aggravé depuis l'armistice.

Avant la guerre, cette influence étrangère ne s'exerçait généralement sur des organes de la presse française que du fait d'États ayant des intérêts analogues à ceux de la France. Depuis l'armistice, cette pudeur relative qui retenait les agents de la publicité de certains organes n'existe plus. Des lecteurs avertis ne peuvent plus douter que certains organes de la presse française acceptent maintenant de se laisser influencer par des puissances ayant des intérêts les plus opposés à ceux de la France.

C'est d'ailleurs cet état de choses criminel, je n'hésite pas à le qualifier ainsi, qui explique que, constamment maintenant, sont proposées à l'opinion française les solutions les plus absurdes mais les plus conformes aux intérêts allemands.

Cette situation est une résultante des difficultés de la presse et de la conception absolument erronée de la presse consistant à admettre que la publicité doit compenser l'insuffisance du rendement de la vente pour payer les frais d'un journal. Or, par suite d'une déformation professionnelle, favorisée par la difficulté des temps, de trop nombreux organes en sont arrivés à considérer les informations de politique étrangère, même les plus tendancieuses, comme de la publicité commerciale dont ils peuvent recevoir le prix du plus offrant.

Pour toutes ces raisons, les critiques de M. Judet au sujet de l'action de M. Isvolsky sur la presse française touchent beaucoup moins M. Isvolsky lui-même que les agents de publicité d'une certaine presse qui, sans paraître s'en douter, en sont arrivés à une conception de la publicité qui constitue un péril mortel pour la France.

Quant aux répliques que j'ai à faire aux autres affirmations de M. Judet, elles doivent être précédées de cette observation générale.

Mes longs rapports avec M. Judet et, surtout, les informations que j'ai rapportées de mes nombreux voyages, m'ont permis de faire progressivement la constatation suivante : M. Judet avait la passion de la politique étrangère; mais, sous une forme doctrinaire. N'ayant jamais voyagé à l'étranger pour y faire des enquêtes sérieuses sur la situation, sa conception de la politique étrangère était entièrement arbitraire; c'était la conception Judet. Elle ne tenait aucun compte d'un nombre considérable de réalités dont il ignorait l'existence parce qu'il n'avait pas été à même d'aller suivre sur place l'évolution des événements. Aussi, quand les choses ne tournaient pas comme il l'aurait voulu, ce n'était pas sa conception qui était fausse mais c'étaient les événements qui avaient tort.

Il résulte de cet état d'esprit que les appréciations de M. Judet, dans son livre sur M. Louis sont dénuées de valeur parce qu'elles sont généralement basées sur des erreurs techniques monumentales.

Par exemple, M. Judet attribue à M. Isvolsky le déchaînement des guerres balkaniques de 1912 et 1913 pour *servir le Panslavisme*, alors que ces guerres en ont été justement la négation.

Le *Panslavisme*, alors qu'il n'existait plus depuis longtemps, est resté la bête noire de M. Judet ainsi que le prouvent ces citations :

« Elle (la tête de M. Louis) fut livrée à un forcené avide d'incendie de l'Europe (Isvolsky) pour se dédommager de ses pas de clerc ou de ses malchances, et à *un ministre à genoux devant les injonctions insatiables du Panslavisme.* » (v. *op. cit.*, p. 25.)

« Si nos régiments de jeunes soldats, saignés à blanc et indomptables, n'avaient pas tenu sur la Marne un quart d'heure de plus que ceux de Guillaume II nous aurions, nous aussi, disparu de la carte d'Europe, *pour avoir lâché la bride aux extrémistes du Panslavisme.* » (v. *op. cit.* p. 135.)

« *Quand Isvolsky s'avisa d'être l'homme d'État du Panslavisme*, il n'eut plus de repos qu'il n'eût donné à ses désirs inassouvis leurs plus glorieux apaisement. » (v. *op. cit.*, p. 147.)

« Isvolsky s'était fait un plan qu'il a mené jusqu'à sa guerre. Lorsqu'il adresse sa lettre du 4 novembre à M. de Selves pour attirer la France dans le piège balkanique, il recevait d'une main les subsides de Tittoni, *et brandissait de l'autre les foudres du Panslavisme* sur la décadence de l'Empire ottoman. » (v. *op. cit.*, p. 164.)

« En outre, le nom seul de Delcassé était un programme *et ses états de services comblaient de joie les Panslavistes.* » (v. *op. cit.* p. 207.)

Or, depuis le Traité de San-Stéphano (1878) qui termina la guerre turco-russe, la Russie avait dû renoncer à appliquer les conceptions panslavistes proclamées jadis par Katkoff. Cette renonciation avait été précisément la conséquence des désirs d'indépendance grandissants des peuples balkaniques, lesquels, une fois libérés, n'entendaient pas du tout être des satellites de la Russie. Même en Bulgarie, le pays slave qui, cependant, devait le plus à la Russie, un parti nettement russophobe s'était créé. Enfin, contrairement à ce que croit M. Judet, et ce qui est connu dans toute l'Europe centrale, l'entente des états balkaniques en 1912 s'était faite sans que la Russie ait eu besoin de la provoquer et cette entente s'était conclue entre les états balkaniques sur des bases radicalement opposées au panslavisme, ainsi qu'il est facile de le démontrer.

M. Judet s'imagine que les guerres balkaniques de 1912-1913 se sont déclenchées sous l'influence de M. Isvolsky afin d'installer la Russie à Constantinople. Cette explication ne tient pas debout. D'abord, M. Isvolsky était bien loin d'avoir dans les Balkans l'influence que lui attribue M. Judet et, en fait, c'était non pas la Russie mais les Balkaniques, Bulgares et Grecs qui, pensant se jouer mutuellement, voulaient s'installer à Constantinople, à la faveur des guerres balkaniques, à la place de la Russie, précisément parce que, depuis longtemps déjà, la Russie avait dû abandonner son vieux rêve de prendre pied sur le Bosphore.

Dans la guerre balkanique de 1913, la latine Roumanie joua un grand rôle. Or, comment pourrait-on penser sérieusement que ce fut en faveur du panslavisme puisque les Roumains ont une méfiance innée pour tout ce qui est russe ? Parmi les balkaniques de 1912-1913, il n'y avait comme vraiment sympathiques à la Russie que les Serbes, mais les Serbes eux-mêmes, d'ailleurs séparés géographiquement de la Russie, n'étaient pas des panslavistes, ils étaient des russophiles, ce qui n'est pas du tout la même chose puisque, précisément, cette expression de russophile fut créée pour succéder à celle de panslaviste, qui, depuis longtemps, n'avait plus de raison d'être ayant perdu toute signification pratique.

Par conséquent, la croyance de M. Judet qui était aussi celle de M. Louis, que sous l'influence d'Isvolsky les guerres de 1912-1913 et celle de 1914 ont été une conséquence du panslavisme est une simple absurdité.

M. Judet et M. Louis commettent encore une lourde erreur d'appréciation lorsqu'ils disent qu'en 1914 la France aurait dû avoir la même attitude qu'en 1909, lors de l'annexion de la Bosnie-Herzégovine. M. Judet rappelle quelle fut l'attitude de la France en 1909 à ce sujet pour l'en féliciter ainsi :

« Depuis 1870, l'Allemagne n'avait qu'une seule fois adressé un ultimatum à une des puissances de la Triple Entente : c'était en mars 1909, quand la Russie avait encouragé la résistance que la Serbie opposait aux exigences de l'Autriche. Mais la France avait fait entendre à Saint-Pétersbourg qu'il ne fallait pas pousser les choses jusqu'au point où la guerre pourrait éclater. L'alliance avait été conclue pour la protection des intérêts vitaux de la France et de la Russie; la question serbe n'était pas pour la Russie une question vitale. Il convenait donc de ne pas s'engager à fond dans cette affaire. Ces conseils furent entendus et le Gouvernement impérial, qui d'ailleurs reconnaissait que son armée et ses finances n'étaient pas suffisamment reconstituées pour qu'il pût entreprendre une grande guerre, donna au Gouvernement serbe le conseil de ne pas prolonger sa résistance. » (v. *op. cit.*, p. 296.)

Mais, MM. Judet et Louis n'ont pas compris que, précisément, ce fut la carte blanche donnée par la France et la Russie en 1909 à l'Allemagne et à l'Autriche-Hongrie au sujet de l'annexion de la Bosnie-Herzégovine qui incitèrent l'Allemagne et l'Autriche-Hongrie à poursuivre la politique d'expansion qui suivit et à recommencer en 1914, avec une audace accrue, une nouvelle agression contre la Serbie afin d'assurer la domination du germanisme dans tous les Balkans et le triomphe du Hambourg-Bagdad, l'armature essentielle du plan pangermaniste. MM. Louis et Judet n'ont pas « réalisé » que ce sont précisément les incessantes capitulations de la France et de la Russie devant l'Allemagne dans les 20 dernières années qui précédèrent 1914 qui engagèrent l'Allemagne à être toujours plus exigeante et à faire des demandes finissant par être si inacceptables pour les peuples que, fatalement, elles devaient finir par provoquer la guerre.

On pouvait cependant aisément prévoir à quoi devait aboutir la capitulation de la Triple Entente en 1909, lors de l'annexion de la Bosnie et de l'Herzégovine. La meilleure preuve que j'en puisse donner consiste à reproduire, sans y changer une virgule, les articles que je publiai à ce moment dans *Le Petit Journal*, alors que le directeur était, non plus M. Judet, mais M. Jules Prévet, sénateur et vice-président du Sénat.

Sous le titre : À *quoi tient la dernière chance de paix*, j'écrivais le 20 mars 1909 : « La démarche de la France, de l'Angleterre et de la Russie à Belgrade constitue la dernière chance de paix. C'est à l'action de ces trois puissances que l'Europe devra peut-être de s'arrêter encore une fois sur les bords de l'abîme. Tous les peuples leur sauront un gré infini de ce dernier effort s'il est couronné de succès ; mais ce résultat considérable qu'il faut souhaiter, — le maintien de la paix —, ne saurait empêcher de signaler et de déplorer à quel prix il va sans doute être atteint.

« En effet, si la paix est maintenue, ce sera, en réalité, au prix d'une lamentable faillite du droit international.

« Rien de plus vrai comme on va voir.

« Si la démarche de la France, de l'Angleterre et de la Russie aboutit finalement, ce sera uniquement parce que cette démarche a pour conséquence de conseiller à la Serbie de déclarer qu'elle ne songe pas à protester contre le récent traité austro-turc, ce qui contient implicitement l'adhésion à l'annexion de la Bosnie et de l'Herzégovine non seulement de la Serbie, mais de l'Angleterre, de la France et de la Russie. Or, cette adhésion n'est rien moins que la reconnaissance, *préalable à toute conférence*, de la violation formelle du traité de Berlin faite par l'Autriche-Hongrie, violation que l'Angleterre déclarait naguère — et cela tombait sous le sens commun — ne pouvoir être ratifiée que dans une conférence réunissant tous les signataires du traité de Berlin.

« Nous nous trouvons donc bien en présence d'une faillite incontestable du droit international dont on nous vantait les rapides et profonds progrès au moment des conférences de la paix à la Haye. Une fois de plus ainsi les assurances des rhéteurs sont démenties par les faits, une fois de plus la Force prime le Droit et triomphe, et si la paix est conservée *ce sera au prix de la reconnaissance par l'Europe de la rupture possible et éclatante d'un contrat par une seule des parties contractantes.*

« *Quant à l'Allemagne, qui approuve et appuie l'Autriche dans la violation de sa parole, quel document, quel contrat, quelle signature pourra-t-elle désormais invoquer contre nous s'il nous plaît un jour de déchirer le Traité de Francfort ?*

A. C.

Pour souligner mieux encore les dangers pour la paix de cette capitulation, dans *Le Petit Journal* du 27 mars 1909, je publiai encore sous le titre :

LA VÉRITABLE PORTÉE DU CONFLIT AUSTRO-SERBE

« Les déplorables agitations intérieures qui désorganisent la France et menacent même ses communications avec l'étranger l'empêchent de saisir l'importance capitale et la portée européenne et même universelle du conflit austro-serbe. Le plus grand nombre de Français s'imaginent, en effet, que tout finira certainement par s'arranger pacifiquement et qu'en tout cas le conflit se réduit à une querelle entre Vienne et Belgrade.

« Rien n'est malheureusement ni moins certain ni moins exact, car, en réalité, la question serbe n'est qu'un prétexte comme hier le Maroc — à la lutte ardente et profonde qui se livre entre le germanisme dirigé de Berlin avec le concours et la complicité du cabinet de Vienne et l'Angleterre qui, avec l'appui de la France et de la Russie, cherche à s'opposer à l'hégémonie allemande en Europe et dans le monde.

* * *

« Les lecteurs du *Petit Journal* ont été si exactement renseignés sur les phases locales du conflit austro-serbe, qu'ils sont maintenant tout à fait à même d'apprécier la signification grave de l'intransigeance de *M. d'Aehrenthal, qui tient absolument, avant de consentir à la paix, à l'humiliation publique de la Serbie en la contraignant à reconnaître, avec le concours de la Russie, de l'Angleterre et de la France, non plus seulement implicitement, mais d'une façon formelle et immédiate, l'annexion de la Bosnie et de l'Herzégovine réalisée en violation flagrante du traité de Berlin, pacte européen.*

« Rien, d'ailleurs, ne saurait mieux montrer la portée *européenne* du conflit austro-serbe que cette tactique de M. d'Aehrenthal travaillant à associer les gouvernements de Saint-Pétersbourg, de Londres et de Paris à la capitulation serbe.

« Comme nous croyons profondément qu'en politique étrangère un peuple a toujours intérêt à connaître la *vérité vraie* le plus tôt possible, nous ne voyons aucune raison de dissimuler le grand succès qu'est en train d'obtenir M. d'Aehrenthal.

« M. Isvolsky vient, en effet, de déclarer à l'ambassadeur d'Autriche à Saint-Pétersbourg que la Russie reconnaît dès maintenant l'annexion de la Bosnie et de l'Herzégovine comme un fait accompli.

« *Ne jouons pas sur les mots. Cette déclaration, faite en de pareilles circonstances, constitue la plus grave défaite diplomatique que la Russie ait subie depuis la guerre russo-japonaise. Cette défaite atteint, en outre, incontestablement l'Angleterre et la France qui avaient agi de concert avec la Russie à Vienne.*

* * *

« Cette humiliation des trois puissances de la Triple Entente suffira-t-elle, d'ailleurs, à maintenir la paix? On peut craindre que non, car M. d'Aehrenthal poussé de Berlin voudra peut-être, malgré les concessions excessives qui lui sont faites, mettre la main sur la Serbie. Dans ce cas, l'occupation militaire aura lieu à très bref délai.

« Alors les dangers qui menaceront la paix de l'Europe auront rarement été plus grands. La Bulgarie verra dans cette occupation une menace directe de son indépendance, et le gouvernement de Pétersbourg, en dépit de son esprit pacifique, sincère et profond, ne pourra peut-être plus retenir ses masses slaves exaspérées par l'humiliation et la ruine de la politique séculaire russe dans les Balkans.

« Dans ce cas, l'entrée en ligne de l'Allemagne est certaine, et par voie de conséquence celle de l'Angleterre et de la France qu'on ne conçoit même pas pouvoir rester en dehors d'une conflagration vraiment européenne.

« Vous voyez donc comment, par une série d'enchaînements maintenant faciles à discerner, la question austro-serbe n'est qu'un prétexte à la lutte entre Berlin et Vienne d'une part, et Londres, Pétersbourg et Paris de l'autre, comment par conséquent nous devrions prêter la plus grande attention à un conflit qui nous associe déjà à une défaite diplomatique retentissante et nous menace encore d'une conflagration européenne.

A. C.

Qui pourrait maintenant contester que la guerre *européenne de 1914 n'ait éclaté exactement selon ces prévisions de 1909 ?*

MM. Louis et Judet commettent encore une erreur monumentale lorsqu'ils prétendent que MM. Isvolsky et Poincaré ont déterminé les guerres balkaniques de 1912-1913 ou que l'action de M. Louis aurait pu certainement en empêcher l'éclat.

En réalité, les guerres de 1912-1913 sont résultées de la volonté des peuples balkaniques eux-mêmes, voulant passionnément assurer leur avenir et leur liberté qu'ils sentaient de plus en plus menacés, depuis que l'annexion de la Bosnie-Herzégovine leur avait démontré tous les dangers du pangermanisme et du Hambourg-Bagdad. Ni M. Poincaré, ni M. Isvolsky, ni le Tsar n'ont eu d'influence décisive sur les événements de 1912-1913 ; car, comme je l'ai exposé avec pièces à l'appui dans *Le Correspondant* du 14 mai 1914, *les Balkans se sont transformés en 1913, malgré l'Europe*, aussi bien malgré la France, l'Angleterre et la Russie dont les Balkaniques avaient mesuré la faiblesse en 1909, que malgré l'Allemagne et l'Autriche-Hongrie.

M. Judet prétend que la Russie pouvait exercer un droit de veto qui ne fut pas lancé ou que les Balkaniques passèrent outre. (v. *op. cit.*, p. 195.)

Très certainement, en effet, le veto de la Russie n'aurait pas arrêté les Balkaniques; mais précisément parce que la Russie n'avait plus — et à beaucoup près — dans les Balkans l'influence que lui attribue M. Judet. Je fus frappé de cette diminution de l'influence russe lors des nombreux voyages que je fis dans les Balkans; mais M. Judet, comme M. Louis, ignoraient cet état de chose parce qu'ils n'avaient pas été à même de le contrôler personnellement et directement. En somme, les critiques de M. Judet sont sans valeur essentiellement parce qu'elles manquent de bases techniques et qu'elles dénotent une ignorance complète du véritable état de choses dans les Balkans et en Europe centrale.

Pour fortifier ses critiques, M. Judet a invoqué l'autorité de M. Paul Deschanel, mais celle-ci ne saurait affaiblir les arguments que je viens d'opposer aux affirmations de M. Judet. J'ai fort bien connu M. Paul Deschanel; entre 1895 et 1900, j'ai été l'un de ses informateurs sur l'Europe centrale alors que, déjà Président de la Chambre, il prononça son discours de réception à l'Académie française dans lequel il fit de nombreuses allusions à la question d'Autriche.

J'ai eu ensuite l'occasion de revoir M. Paul Deschanel à diverses reprises, avant, pendant et après la guerre, même quand, déjà fort souffrant, il fut Président de la République. J'ai pu constater que M. Paul Deschanel était personnellement exaspéré contre M. Poincaré qu'il accusait de lui avoir « soufflé » avant la guerre la Présidence de la République au moment précis où, lui, M. Deschanel, comptait être élu après une longue préparation. Cette irritation personnelle, sans doute aggravée par son état de santé, n'inclinait pas M. Deschanel à être parfaitement équitable envers M. Poincaré au sujet des origines du conflit mondial.

En outre, M. Deschanel, quoique excellemment intentionné, n'ayant jamais pu faire de voyages d'études à l'étranger, n'avait pas une connaissance directe des questions extérieures. Il en résulta que M. Deschanel, au sujet de l'Europe centrale, en était resté aux conceptions qui, avant 1908, impliquaient, du point de vue français, le maintien de l'Autriche-Hongrie. M. Deschanel n'ayant pu suivre directement les conséquences si profondes, en Europe centrale, de l'annexion de la Bosnie-Herzégovine, après 1909, n'avait pas été à même de se convaincre qu'après cette date, en cas de guerre générale, la liquidation de l'Autriche-Hongrie était une condition absolument nécessaire d'une paix française et anti-pangermaniste. C'est ce qu'ont prouvé bien nettement les événements depuis l'armistice en démontrant d'une façon croissante que la création de la Pologne, de la Tchécoslovaquie et de la Yougoslavie, conséquences directes du démembrement de l'Autriche-Hongrie, constituent les obstacles qui gênent le plus l'Allemagne pangermaniste. Cette preuve est faite par les tenaces et subtils efforts que fait l'Allemagne pour détruire les frontières orientales fixées par les Traités de Paix.

Or, cette solution du problème de l'Europe centrale, si conforme aux intérêts de la France, par le morcellement de l'Autriche-Hongrie au profit des peuples slaves et latins qui la composaient essentiellement, M. Paul Deschanel ne l'avait pas admis comme nécessaire puisque, peu de temps avant sa mort, il était encore de ceux qui, en France, déploraient le démembrement de l'Autriche-Hongrie comme une faute commise au détriment de la France. Ce retard dans l'information au sujet d'une question extérieure tout à fait capitale achève d'enlever toute valeur probante au témoignage de M. Deschanel invoqué par M. Judet.

Enfin, ce qui caractérise la nature des efforts de M. Judet pour démontrer la responsabilité de la France dans la guerre, ce sont ces lignes stupéfiantes dans lesquelles il s'est efforcé de réhabiliter le Kaiser. M. Judet a déclaré, en 1925, qu'il ne voyait pas « la duplicité de Guillaume II ». Il affirme que celle-ci « est tombée dans la plus basse des embûches continentales » (v. p. 31). Or, le 19 septembre 1899 (v. p. 32), quand la France était absorbée par l'affaire Dreyfus, il écrivait que « l'empereur surveillait et mettait à profit notre catalepsie », qu'il travaillait froidement à en exploiter les avantages pour l'avenir, « que l'Allemagne avait un rôle à la fois machiavélique et tentateur », que le Kaiser de Berlin voulait être « libre de ses mouvements pour le jour où l'action du pangermanisme réclamerait l'extension de l'empire des Hohenzollern vers le sud. »

Après d'aussi radicales et inadmissibles contradictions entre 1899 et 1925, un écrivain en politique extérieure est jugé.

IV. M. Caillaux sur l'origine de la guerre

Enfin, M. Joseph Caillaux dans le discours qu'il prononça le 21 février 1925 au banquet qui lui fut offert à Magic City a accusé, lui aussi, M. Poincaré de n'avoir pas empêché la guerre. « Pas su, pas voulu s'acharner à la politique d'ententes, d'accords entre toutes les grandes nations, qui comportait, bien entendu, des concessions indispensables dans la vie des hommes, etc. » (v. *Le Temps*, 21 février 1925.)

Or, qu'elles étaient les concessions qu'aurait probablement consenties M. Caillaux à l'Allemagne en juillet 1914? Il parait permis de supposer qu'elles eussent été en harmonie avec celles que, d'après l'amiral G. de Saint-Pair, attaché naval de France à Rome, M. Caillaux avait préconisées en 1916, alors que la carte de guerre était favorable à Berlin. « Que désire l'Allemagne, aurait dit M. Caillaux ? La route de Bagdad qu'elle vient de conquérir; elle veut ensuite faire une grande Bulgarie et une grande Turquie d'Europe. En quoi cela nous gêne-t-il ? Notre champ d'action est en Afrique. La Serbie disparaîtra, mais elle n'aura en définitive que ce qu'elle mérite. La Roumanie disparaîtra également; mais, après tout, il vaut mieux que ce soit elle qui paye la casse que nous. » (v. *Le Matin*, 21 décembre 1917.)

On peut donc supposer que M. Caillaux aurait voulu qu'on laissât l'Allemagne s'emparer de l'Europe centrale, en se basant sur cet argument : « En quoi cela gêne-t-il la France? » Si M. Caillaux a tenu le langage que lui prête l'amiral de Saint-Pair, c'est que, comme tant de politiciens qui n'ont pas étudié sur place les problèmes essentiels de la politique extérieure, il ne se doute pas que la vie de la France dépend absolument d'un certain équilibre de caractère anti-pangermaniste établi en Europe centrale et dans les Balkans.

Quoiqu'il en soit, il est certain que dans son discours de Magic City, M. Caillaux a exprimé nettement l'opinion que des concessions faites par la France en 1914 lui auraient permis d'éviter la guerre. C'est en quoi, comme tous ceux qui ont exprimé cette croyance, il se trompe radicalement.

ANDRÉ CHÉRADAME

CHAPITRE II

LA FRANCE N'A AUCUNE RESPONSABILITÉ DANS LA GUERRE

I. — La seule hypothèse dans laquelle on peut supposer que la France n'aurait pas été entraînée dans la lutte est absurde. II. — Les faits rappelés et les documents produits par M. Charles Humbert, rapporteur de la commission de l'armée au Sénat en 1914, avant la guerre, démontrent aussi nettement que possible le caractère agressif des armements de l'Allemagne depuis 1906. III. — Des hommes d'état britanniques, bien placés pour avoir su la vérité, M. Winston Churchill et Lord Grey, reconnaissent que la France a fait tout ce qu'elle a pu pour éviter la guerre.

I. La seule hypothèse dans laquelle on peut supposer que la France n'aurait pas été entraînée dans la lutte est absurde

Dans une seule hypothèse, la France n'aurait pas été entraînée dans la guerre. Pour le concevoir, il faut supposer que ni la Russie ni la France n'auraient pris le moindre intérêt à l'envahissement de la Serbie et que celle-ci aurait été jugulée par l'Autriche-Hongrie appuyée par Berlin sans que la moindre protestation s'élevât. Dans ces conditions, la guerre générale n'aurait probablement pas eu lieu, car l'Allemagne n'aurait pas eu le moindre intérêt à la faire, puisqu'elle eût obtenu sans batailles tout ce que la lutte la plus victorieuse aurait pu lui rapporter. En effet, une fois la Serbie détruite, le prestige du germanisme, si gravement compromis par les victoires balkaniques slaves et latines de 1912-1913, eût été complètement restauré en Europe centrale et les Slaves d'Autriche-Hongrie et des Balkans auraient été pratiquement réduits en servitude. La Russie, comme la France, ayant capitulé, sans même chercher à réagir sur une question pour elles cependant vitale, auraient été rayées des grandes puissances et, aussi bien au point de vue économique que politique, seraient devenues automatiquement des vassales de l'Allemagne. Celle-ci se fût trouvée alors la maîtresse de l'Europe et le Plan pangermaniste eût été d'un seul coup complètement réalisé.

Mais, l'hypothèse que nous venons de faire n'est pas conforme au plus élémentaire bon sens. Si nous raisonnons en tenant compte de l'expérience des siècles, nous reconnaîtrons que l'hypothèse que nous venons de formuler peut être supposée seulement théoriquement mais non pratiquement. On n'a jamais vu d'États ayant le rang de grandes puissances consentir brusquement à l'abandonner.

Donc la France et la Russie, par le seul fait qu'elles étaient des grandes puissances ayant un intérêt vital au maintien de leur indépendance, ne pouvaient pas ne pas s'intéresser à la violence qui était faite à la Serbie, non pas seulement en se plaçant au point de vue moral, mais en raison de la prodigieuse rupture d'équilibre que l'écrasement de la Serbie devait fatalement déterminer en Europe puisque cet écrasement aurait déterminé automatiquement la vassalité de la France et de la Russie envers l'Allemagne. L'hypothèse que nous venons de faire est donc sans aucune valeur, cette hypothèse étant absurde puisqu'elle n'aurait pu se poser dans la réalité.

II. Les faits rappelés et les documents produits par M. Charles Humbert, rapporteur de la commission de l'armée au Sénat en 1914, avant la guerre, démontrent aussi nettement que possible le caractère agressif des armements de l'Allemagne depuis 1906.

Les mesures militaires prises dans les années qui précédèrent la guerre, en Allemagne et en France, prouvent nettement que la France n'a pas la plus légère responsabilité positive dans l'éclat de la guerre ;

Il est piquant de le démontrer en rappelant les faits contenus dans quelques passages des documents produits par M. Charles Humbert dans son livre *Chacun son tour*. M. Humbert l'a publié pour attaquer M. Poincaré ; mais, en fait, il prend la défense de celui-ci contre ceux qui l'accusent d'avoir déchaîné la guerre. « Quand je dénonce la responsabilité de M. Raymond Poincaré dans la grande catastrophe, je n'entends pas l'accuser d'avoir voulu la guerre, je l'accuse *de n'avoir pas voulu la préparer,* la sachant probable, prochaine, inévitable, » (v. *op. cit.* p. 5.)

Cette formule, si différente de celles de MM. Louis, Judet, Caillaux, etc., nous rapproche de la vérité. En effet, tout ce qu'on peut regretter de l'action de M. Poincaré avant la guerre, ce n'est pas ce qu'il a fait, c'est ce que la situation des esprits au Parlement français ne lui a pas permis de faire de plus.

Le livre de M. Humbert est intéressant en ce sens que M. Humbert, rapporteur de la Commission de l'Armée au Sénat avant la guerre, en produisant des documents pour prouver qu'il a fait plus qu'aucun autre parlementaire pour hâter les armements protecteurs de la France, rappelle en même temps les faits démontrant le caractère nettement agressif des armements de l'Allemagne depuis 1906 et l'insuffisance des ripostes françaises.

« Ai-je besoin, Monsieur le Président, de vous rappeler mes longs et décourageants efforts, a écrit M. Humbert à M. Poincaré le 19 juin 1915? Depuis 1906, il ne s'est pas passé de semaine que je n'aie fait entendre à mon pays les avertissements les plus formels et les plus pressants. J'ai signalé tous les armements de l'Allemagne. J'ai dénoncé notre insouciance, notre inaction. J'ai dit toutes les insuffisances de notre matériel de guerre. J'ai réclamé toutes les améliorations que les faits démontrent indispensables. Cette action, je l'ai poursuivie devant l'opinion publique, dans les assemblées parlementaires, auprès des administrations compétentes. J'ai fait campagne dans la grande presse quotidienne; j'ai publié des livres, dont l'un, « *Sommes-nous défendus* », a eu un retentissement considérable. Je suis intervenu à la tribune de la Chambre et du Sénat, dans les commissions des deux assemblées.

« À partir du début de 1912, mes instances se sont faites plus directes, plus précises; l'effort allemand, après le traité du 4 novembre 1911 sur le Maroc et le Congo, s'affirmait formidable; l'effort français ne se dessinait même pas. Mes démarches se sont répétées auprès du Président du Conseil. » (v. *op. cit.*, p. 334.)

Dans son discours au Sénat du 13 juillet 1914, discours purement documentaire, qui mérite d'être lu complètement (v. *Journal Officiel* du 14 juillet 1914), M. Charles Humbert, en qualité de rapporteur de la Commission de l'Armée, a rappelé :

« Effectivement, l'effort allemand, messieurs, n'a pas été suivi en France, et il s'en faut, avec l'attention qu'il méritait; la preuve en est qu'à la date du 23 mai 1912, par exemple, le ministre de la Guerre lui-même se contentait d'adresser à l'état-major général de l'armée une note conçue en ces termes :

« 23 mai 1912. — Note de service.

« L'état-major de l'armée est prié de faire connaître quelles mesures il a prises et compte prendre pour répondre à l'effort militaire allemand. » (v. *op. cit.*, p. 371.)

« Le Gouvernement pour ne pas effrayer la nation en lui révélant la situation de son armée, voulait que ces dépenses fussent au moins engagées sans que le Parlement eût à en délibérer, mais le journal *Le Temps* ayant publié les grandes lignes du programme, l'observation du secret devint impossible et l'on se décida à déposer le projet de loi »... (v. *op. cit.*, p. 373.)

Le ministre de la Guerre (M. Millerand) répondant le 14 juillet 1914 à M. Humbert, donc à la veille de la guerre, en fut réduit à plaider les circonstances atténuantes et à reconnaître lui-même :

« J'en viens maintenant au matériel d'artillerie lourde de campagne; sur ce point, nous faisons en ce moment — j'insiste sur ces mots « en ce moment » — un très gros effort. Il est très exact que de 1900 à 1911 l'effort a été très notablement moindre en France qu'en Allemagne, car pendant que nos voisins introduisaient dans l'artillerie de campagne l'obusier de 15 et le mortier de 21, pour notre part nous fabriquions uniquement 104 pièces Rimailho qui ont déjà une certaine ancienneté. » (v. *op. cit.*, p. 415.)

Dans ce même discours, le ministre de la Guerre (M. Millerand) fut amené à constater que si la France n'a pas dépensé en temps utile les crédits nécessaires à sa défense, la responsabilité en remonte surtout à certains membres du gouvernement.

« Voici une lettre, dit le ministre, qui établit ce désaccord fréquent entre le département de la guerre et celui des finances, désaccord sur lequel je suis obligé d'appeler tout particulièrement l'attention du Sénat.

« M. Gaudin de VILLAINE. Mais il y avait des présidents du Conseil!...

« M. le Ministre. Cette lettre du ministre des Finances au ministre de la Guerre est datée du 13 mai 1913.

« Un premier programme d'accélération de 420 millions avait été soumis au Parlement en février 1913; mais, à la suite des expériences d'Otchakoff et du camp de Mailly, le ministre de la Guerre avait trouvé à propos — et je rends hommage à ce sujet à M. Etienne — de faire examiner à nouveau par ses services, les besoins de la défense nationale; il avait établi un programme complémentaire d'accélération de 504 millions, ce qui portait à 924 millions les besoins du département.

« À la suite de la communication faite le 26 avril au département des finances, ce dernier répondit, à la date du 26 avril 1913 :

« *Vous savez, monsieur le Ministre et cher collègue, que, comme mes prédécesseurs, je suis disposé à ne marchander aucun des sacrifices qu'exige la sécurité de nos frontières. Mais vous voudrez bien reconnaître avec moi qu'une partie de la puissance du pays réside dans la solidité de ses finances. Nous ne pourrions, sans la compromettre, étendre dans une très large mesure les engagements déjà pris et je me plais à penser que vous ne vous refuserez pas à réviser, dans le sens d'une réduction très importante, les projets dont vous avez bien voulu me faire part.*

« *En ce qui concerne les 504.500.000 francs destinés à accroître la dotation de la 3ᵉ section du budget de votre département, il résulte des explications échangées au Conseil des ministres, que le Gouvernement ne pourrait accueillir cette proposition à l'heure présente et majorer de plus de 100 p. 100 les demandes dont la Chambre n'a pas été saisie au mois de février dernier sans qu'il lui ait été donné l'assurance qu'un examen complet des besoins avait été effectué et que les prévisions avaient été formées en tenant compte de toutes les possibilités de fabrication pour une période de cinq ans.*

« *Nous ne pourrions donc envisager qu'un simple remaniement du projet de loi tel qu'il figure au rapport de M. Clémentel et la modification pourrait consister, soit de répartir sur de nouvelles bases entre les divers services les autorisations d'engagement, soit à en relever modérément le total, si la nécessité en est reconnue, et à le porter, par exemple, aux environs de 450 millions de francs ».*

« Ainsi, continue le ministre, alors que le ministère de la Guerre affirmait, après étude complète, après des expériences qui avaient été foudroyantes dans leurs résultats, « qu'il était absolument nécessaire de renforcer le matériel, les approvisionnements et l'organisation défensive du territoire et d'engager à ce titre 504 millions 500.000 francs de plus de dépenses non renouvelables », on lui en offrait 30 ! *Mouvements divers.*

M. Gaudin de Villaine. — Quel était ce ministre des finances? Quel était le président du Conseil à cette époque? On fuit toujours les responsabilités 1.

M. le ministre. — Je ne fuis aucune responsabilité.

M. Gaudin de Villaine. — Ce n'est pas vous que nous mettons en cause. Mais celui qui a écrit cette lettre était ministre des Finances; il y avait un président du Conseil responsable. La place de ces gens est devant la Haute-Cour ». (v. *op. cit.*, p. 427.)

Cette réponse du ministre de la Guerre (M. Millerand) faite le 14 juillet à M. Charles Humbert à la tribune du Sénat, suffit à établir que si la France s'est trompée avant 1914, ce n'est pas pour avoir fait trop d'armements mais pour n'en avoir pas fait assez.

---

[1] En mai 1913, le président du Conseil était M. Léon Barthou, le ministre des Finances M. Charles Dumont et le ministre de la Guerre M. Étienne.

La France n'a commis aucune faute morale lui créant une responsabilité dans la guerre, mais elle a fait des fautes matérielles en ne prenant pas suffisamment les précautions qui lui auraient, vraisemblablement, permis de l'éviter.

Tout esprit droit est maintenant convaincu que si la France avait dépensé, en temps utile, 500 millions pour avoir une artillerie lourde prête en 1914, l'Allemagne n'aurait probablement pas osé faire la guerre. Il est ainsi démontré que cette dépense apparemment belliqueuse, mais commandée par le bon sens et la sagesse des nations, aurait assuré à la France le bienfait du maintien de la paix et lui aurait procuré une prodigieuse économie d'hommes et d'argent.

III. Des hommes d'état britanniques, bien placés pour avoir su la vérité, M. Winston Churchill et Lord Grey, reconnaissent que la France a fait tout ce qu'elle a pu pour éviter la guerre

Étant donné l'enchaînement des faits essentiels depuis 1895, début du mouvement pangermaniste (v. chapitres V et VI), il était impossible à la France d'éviter la guerre en 1914. C'est ce qu'ont reconnu deux hommes d'état britanniques dont la loyauté est d'autant plus appréciable que, depuis l'armistice, les rapports franco-anglais sont devenus plus difficiles.

Dans son livre *La Crise Mondiale* (1911-1915) M. Wiston Churchill a proclamé : « *La justice envers la France exige la déclaration explicite que la conduite de son gouvernement, dans cette effroyable conjoncture, fut impeccable; il adhéra instantanément à toute proposition capable d'assurer la paix. Il s'abstint de toute forme de provocation, il compromit même sa propre sécurité en retirant ses troupes de couverture. Il n'y avait aucune chance pour la France d'échapper à cette épreuve.* » (Cité par *Le Temps*, 9 janvier 1925.)

De son côté, lord Grey, dans les fragments de ses mémoires que la *Westminster Gazette* a publiés le 27 avril 1925 a lui aussi reconnu : « *La France redoutait la guerre et elle fit tout ce qu'elle put pour l'éviter.* »

Un observateur informé et impartial ne peut pas aboutir à une autre opinion.

ANDRÉ CHÉRADAME

Chapitre III

Raisons fondamentales des erreurs de jugement de ceux qui déclarent que la France a une part de responsabilité dans la guerre

I. — Ils ne tiennent aucun compte des faits antérieurs, même quand ces faits établissent de la façon la plus nette les intentions agressives austro-allemandes. II. — Notamment, ils ne font aucune allusion aux tentatives d'emprunt, sur le marché de Paris, cependant révélatrices, faites en 1909 et en 1911 par les gouvernements hongrois et austro-hongrois. III. — Ils ne réalisent pas l'importance capitale pour la paix du monde de l'indépendance de l'Europe centrale slave et latine.

Tous ceux qui cherchent à démontrer que la France a une part de responsabilité dans la guerre aboutissent forcément à un jugement erroné en raison des causes d'erreurs fondamentales de leur jugement qui sont les suivantes.

I. Ils ne tiennent aucun compte des faits antérieurs même quand ces faits établissent de la façon la plus nette les intentions agressives austro-allemandes

Ils discutent et épiloguent sur des phrases de documents diplomatiques ou sur les incidents multiples qui furent échangés ou se produisirent depuis l'assassinat de François-Ferdinand jusqu'à la guerre, ils tirent encore argument de certains événements des deux aux trois dernières années qui précédèrent la lutte, mais ils ne parlent jamais des faits antérieurs à 1911 qui ont cependant engendré le conflit. Ils ne font pas d'allusion sérieuse au mouvement pangermaniste qui, depuis 1895, avait conquis la grande majorité des Allemands. Ils ne disent pas que sous l'action de la propagande énergique des sociétés pangermanistes, ceux-ci avaient été persuadés, avec raison d'ailleurs au point de vue technique, que le premier acte à faire pour réaliser leur plan de domination universelle consistait à asseoir solidement la suprématie du germanisme sur l'Europe centrale et orientale.

Les pacifistes qui veulent établir la responsabilité de la France omettent tous de parler du Hambourg-Bagdad et des conséquences inévitablement funestes pour la paix de l'Europe de l'annexion de la Bosnie-Herzégovine en 1909 qui fut l'une des étapes de la descente germanique vers l'Orient.

N'attachant aucune importance à ces faits cependant essentiels, ils ne songent même pas à se demander si les mesures de précautions prises par MM. Delcassé, Poincaré, Sazonoff, etc., n'étaient pas simplement —

comme elles l'ont été — les conséquences nécessaires, et bien insuffisantes d'ailleurs, des préparatifs d'agression austro-allemande qui se manifestèrent avec un éclat particulier et croissant de 1908 à août 1914.

II. Notamment, ils ne font aucune allusion aux tentatives d'emprunt, sur le marché de Paris, cependant révélatrices, faites en 1909 et en 1911 par les gouvernements hongrois et austro-hongrois

Mais, pourra-t-on objecter, si les Français qui prétendent que le gouvernement de Paris a une part des responsabilités dans la guerre ne parlent pas de ce qui s'est passé en Europe centrale avant 1911, c'est que, comme tant d'autres, n'y étant pas allés, ils n'ont pu apprécier sur place l'importance des événements qui s'y déroulaient, depuis 1909 surtout, et qui devaient engendrer la guerre.

Cette supposition peut être faite pour plaider les circonstances atténuantes; mais, une autre question se pose. Comment expliquer que MM. Louis, Judet, Caillaux, etc., par exemple, oublient complètement de signaler les tentatives d'emprunt hongrois, fin 1909, et austro-hongrois, fin 1911, qui furent sur le point d'être émis sur le marché de Paris dans des conditions qu'ils n'ont pu ignorer? En effet, ces tentatives d'emprunt qui furent sur le point d'aboutir, grâce à de nombreuses et influentes collaborations françaises à Paris, étaient prodigieusement instructives ; elles avaient pour objectif essentiel de fournir à l'Autriche-Hongrie, par un procédé indirect mais aisé à discerner, l'argent nécessaire à ses armements afin d'assurer pour toujours, d'accord avec Berlin, par une pression belliqueuse, la pénétration austro-allemande dans les Balkans.

Cependant, M. Judet savait bien l'importance politique qu'avait toute émission d'emprunt étranger sur la place de Paris. Il a prêté, en effet, grande attention aux efforts faits en vue de « l'admission à la cote française d'un emprunt bulgare de 180 millions » (v. Georges Louis, p. 195). Il a même prétendu qu'Isvolsky avait appuyé l'admission à la cote à Paris de cet emprunt qui constituait « un trésor de guerre pour Ferdinand ». (v. *op. cit.* p. 195). Il a assuré, en outre, qu'Isvolsky passa la fin de 1912 et le printemps de 1913 « à contrarier *cette politique conservatrice de la Paix*, que Philippe Crozier défendit à Vienne ». (v. *op. cit.*, p. 304).

Que cette affirmation est stupéfiante et en opposition avec les faits! M. Philippe Crozier, ambassadeur de France à Vienne, par l'effet d'une prodigieuse aberration, déterminée sans doute par son ardent désir de devenir, après sa retraite de diplomate français, administrateur de l'*Oesterreichische Laenderbank* — ce qui d'ailleurs eut lieu, — appuya à Paris les tentatives d'emprunt hongrois et austro-hongrois dont j'ai parlé plus haut, alors que cependant ces emprunts avaient pour but de permettre à l'Autriche-Hongrie de se préparer à la guerre.

Aucun doute à cet égard n'est possible. M. Wickham Steed, qui était alors le correspondant du *Times* à Vienne avant d'en devenir le directeur pendant la guerre, et dont les informations ont toujours été d'une sûreté parfaite, dans son livre « Trente ans de souvenirs », *Through Thirty Years*, dit au sujet de la tentative d'emprunt austro-hongrois à Paris en 1911.

« La crise d'Agadir eût à Vienne des répercussions fort curieuses. Aehrenthal se tint ostensiblement à l'écart de l'Allemagne pendant l'été et l'automne de 1911, mais peu après la signature à Berlin de l'accord franco-allemand, l'Ambassadeur de France à Vienne, M. Crozier, proposa à son collègue allemand, Herr von Tschirschky d'en demander conjointement la reconnaissance à Aehrenthal. Tschirschky répondit sur un ton froid qu'il n'avait pas reçu d'instructions à cet effet; mais lorsque M. Crozier se rendit seul auprès d'Aehrenthal pour lui demander son assentiment grand fut son étonnement de trouver chez lui l'Ambassadeur d'Allemagne.

« En prenant congé d'Aehrenthal von Tschirschky dit doucereusement à M. Crozier : « Le Ministre vous dira qu'il ne peut encore reconnaître l'accord à cause de certaines formalités à remplir entre les gouvernements autrichien et hongrois, et parce qu'il y a aussi d'autres points à considérer. » Aehrenthal employa à son tour les mêmes termes et expliqua à Crozier que les « autres points » consistaient en une demande austro-hongroise de « compensation » sous forme d'un emprunt d'un milliard à consentir par la France à l'Autriche et à la Hongrie que celles-ci se partageraient par moitié. Cette compensation insinua-t-il, encouragerait la Double Monarchie à être dans l'avenir plus indépendante de l'Allemagne.

« L'Ambassadeur de France mordit à l'hameçon. Il demanda, il est vrai, une assurance que les fonds ne seraient ni employés dans un but militaire, ni mis à la disposition de l'Allemagne — assurance qu'Aehrenthal fournit avec d'autant plus d'empressement que les banques autrichiennes avaient déjà avancé d'importantes sommes au gouvernement pour la construction de vaisseaux de guerre et pour d'autres buts politiques. Sans être directement employés à des dépenses militaires ou navales, les fonds venant de France auraient permis aux banques de se refaire et d'avancer d'autres sommes au fur et à mesure des besoins, pendant que l'on mettrait le surplus à la disposition des banques allemandes harcelées par les demandes de l'industrie et les exigences du gouvernement impérial pour ses dépenses militaires et navales. De fait, à ce moment même, deux banques françaises avaient avancé 275 millions de francs pour sauver des pires embarras les banques allemandes.

« Sur l'avis de M. Crozier les parties intéressées à Paris appuyèrent la demande d'Aehrenthal, à laquelle M. Caillaux, Président du Conseil, réserverait, assurait-on, un accueil favorable. J'avisai discrètement le *Times* de ce qui se passait et attendis le moment opportun pour en informer le public. Il était à craindre que le gouvernement français donnât son assentiment à l'emprunt avant d'avoir consulté l'opinion française et le gouvernement britannique. Une indiscrétion commise vers la mi-décembre 1911, par la *Newe Freie Presse* me permit de publier un premier avertissement et le 26 décembre, un courageux écrivain français, M. André Chéradame, qui avait tant contribué en démasquant le pangermanisme à instruire ses compatriotes sur le péril allemand, fit paraître dans *Le Petit Journal* une vigoureuse protestation contre la politique qui consisterait à mettre l'épargne française à la disposition de l'Autriche-Hongrie et de l'Allemagne. L'un des effets de l'émission à Paris d'un gros emprunt austro-hongrois serait de mettre la France dans l'impossibilité de persister dans son refus à l'Allemagne de se procurer des fonds pour ses armements sur le marché français.

« Cette protestation mit en éveil l'opinion publique française tout comme mes avertissements avaient en Angleterre mis le public sur ses gardes. Une enquête du *Times* démontra que les financiers anglais étaient opposés à l'émission, sur le marché anglais, de la moindre part d'un emprunt autrichien. En résumé, le projet échoua au grand ennui d'Aehrenthal, de Caillaux et des cercles financiers et diplomatiques français qui y étaient intéressés. Cependant la rancune des financiers français s'exerça contre M. André Chéradame et lui coûta sa situation au *Petit Journal* et son nom fut marqué d'une croix d'un si beau noir que je pus constater qu'elle ne s'était pas effacée pour certains éléments de la finance française même en 1916. »

Il est clair que si MM. Crozier et Caillaux ont connu ces tentatives d'emprunt, MM. Louis et Judet n'ont pu les ignorer. Pourquoi donc n'en parlent-ils pas ?

Je me borne, pour l'instant, à citer ce passage du livre de M. Steed ; on conviendra qu'il ne manque pas d'intérêt bien qu'il ne se rapporte qu'à la tentative d'emprunt austro-hongrois de 1911. Celle de l'emprunt hongrois de 1909 fut, peut-être, plus significative encore, se produisant au lendemain même de l'annexion de la Bosnie et de l'Herzégovine.

Les tentatives d'emprunts hongrois en 1909 et austro-hongrois en 1911 sur le marché de Paris sont encore à peu près inconnues du public ; elles ont cependant une importance capitale et révélatrice pour la compréhension de l'enchaînement des événements qui déterminèrent la guerre.

Il est parfaitement vrai que j'ai été tenacement poursuivi par les rancunes de ceux qui m'ont fait payer très cher le fait d'avoir contribué à maintenir la paix de la France et de l'Europe en contribuant notablement à faire échouer les emprunts en question en 1909 et 1911, donc en ralentissant considérablement les armements austro-hongrois. Le récit des procédés, très divers, qui furent employés contre moi, depuis, pour me punir de l'efficacité de mon initiative, ne formera pas la partie la moins curieuse de mes « souvenirs ».

Quoi qu'il en soit, quand l'histoire des tentatives d'emprunt hongrois de 1909 et austro-hongrois de 1911 sur le marché de Paris sera complètement connue, on se demandera pourquoi des parangons de la paix comme MM. Judet, Louis et consorts n'ont pas fait la moindre allusion à ces tentatives d'emprunt qu'ils n'ont pu ignorer et qui démontraient cependant nettement la préparation militaire agressive de l'Autriche-Hongrie, le brillant second de l'Allemagne.

III. Ils ne réalisent pas l'importance capitale pour la paix du monde de l'indépendance de l'Europe centrale slave et latine.

Enfin, ceux qui veulent incriminer la France en lui reprochant de s'être intéressée à la Serbie n'emploient cet argument que parce que, dans l'hypothèse la plus bienveillante, ils ignorent l'importance extraordinaire de l'Europe centrale slave et latine pour la paix du monde et la sécurité de la France.

Pour être équitable, il faut ajouter que beaucoup d'excellents Français commettent aussi la même erreur. Les uns et les autres ne réalisent pas encore la solidarité absolument vitale et réciproque qui existe entre la France, d'une part, et la Pologne, la Tchécoslovaquie, la Yougoslavie, la Roumanie et la Grèce, d'autre part. Même à l'heure actuelle, beaucoup de Français croient que la France peut se cantonner dans l'Occident de l'Europe et se désintéresser de ce qui se passe dans sa partie centrale et orientale. Ils ne saisissent pas encore que cette attitude serait mortelle pour la France et que la vie de celle-ci dépend rigoureusement d'une certaine forme d'équilibre dans les Balkans et en Europe centrale, laquelle peut seulement résulter d'une pleine indépendance de la Pologne, de la Tchécoslovaquie, de la Yougoslavie, de la Roumanie et de la Grèce.

Cependant, depuis l'armistice, des faits indiscutables ont déjà prouvé nettement qu'il en est bien ainsi. Si la victoire des Alliés avait laissé subsister l'Autriche-Hongrie, si elle n'avait pas servi à constituer autour de l'Allemagne des états indépendants nouveaux ou agrandis, comme la Pologne, la Tchécoslovaquie, la Yougoslavie, la Roumanie et la Serbie, l'Allemagne, dont l'Autriche-Hongrie aurait fatalement continué à être la vassale, serait déjà la maîtresse de l'Europe.

C'est, en réalité, la transformation de l'Europe centrale qui, en donnant l'indépendance aux Slaves et aux Latins, précédemment soumis au joug germano-magyar, a constitué la partie la plus réelle et la plus efficace de la victoire des alliés.

La situation existant au début de 1925 le prouve clairement. À cette date, l'Allemagne, ayant réussi à esquiver les réparations dues à la France, a retourné la situation financière à son profit. Ce résultat est pour elle considérable ; cependant, l'Allemagne n'a pas encore regagné la partie et elle ne peut pas encore reprendre une politique nettement pangermaniste, précisément parce que les conséquences territoriales de la victoire alliée en Europe centrale subsistent du fait de la vitalité des états slaves et latins de l'Europe centrale, lesquels font obstacle à l'expansion pangermaniste. Le 18 mai 1925, M. Stresemann dans un discours au Reichstag n'a même pas hésité à déclarer : « Il n'y a cependant personne en Allemagne qui puisse reconnaître, comme un fait définitif, la frontière de l'Est ! »

C'est pourquoi, d'ailleurs, l'Allemagne travaille avec tant de ténacité à modifier les frontières orientales par des moyens subtils et indirects en attendant de pouvoir les détruire par des moyens violents et directs. En juillet 1920, elle a fait agir ses agents de Moscou contre la Pologne. Elle a échoué ; le secours donné par la France ayant notablement contribué à la victoire des Polonais sous Varsovie. En 1925, elle a lancé le projet de pacte de sécurité dont l'un des objectifs est la destruction du couloir de Dantzig. Si elle réussissait cette première opération, il n'y a pas de doute que l'Allemagne travaillerait ensuite à enlever successivement tous les éléments de leur indépendance aux divers états slaves et latins de l'Europe centrale.

Ces faits prouvent combien la France a eu raison de s'intéresser en 1914 à la Serbie, puisque, de plus en plus, il apparaît que la sécurité de la France dépend de l'Europe centrale slave et latine dont la Serbie est une base capitale. Ceux qui accusent les dirigeants de la France d'avoir compris toutes ces conséquences de l'ultimatum austro-hongrois à la Serbie ont donc complètement tort.

Quoi qu'il en soit, les erreurs de jugement fondamentales de ceux qui veulent incriminer la France ont ceci de bon qu'elles montrent quels écueils il faut éviter pour arriver à mettre en lumière les véritables causes de la guerre.

Chapitre IV

Les conditions à réaliser pour discerner les véritables causes de la guerre

I. — Il ne faut pas chercher à soutenir une thèse, mais à dégager la vérité que révèlent les faits essentiels. II. — Pour trouver les véritables origines de la guerre, il faut remonter assez loin.

I. Il ne faut pas chercher à soutenir une thèse, mais à dégager la vérité que révèlent les faits essentiels

Il ne s'agit pas, dans cet ouvrage, de défendre une thèse à opposer à celle des pacifistes. Cette remarque est nécessaire car des discussions multiples sur la guerre et la paix menées dans les pays alliés d'Occident depuis 1914, il ressort que beaucoup s'imaginent que toute question de politique étrangère est susceptible de donner lieu à deux opinions contradictoires, c'est-à-dire à deux thèses, l'une positive, l'autre négative qu'on peut également soutenir, de même qu'on apprend à la conférence des avocats à défendre avec une égale aisance le pour et le contre d'une même question. Cette façon d'envisager les choses a fait que, dans la presse alliée, on a parlé, par exemple, de la « thèse du maintien de l'Autriche-Hongrie » et de la « thèse de son démembrement ».

Or, un problème de politique étrangère ne comporte pas de thèses mais seulement une solution juste et des solutions fausses. Si des divergences fondamentales apparaissent souvent sur les solutions à donner à un problème extérieur, c'est uniquement parce que, dans un même pays, il y a des hommes qui connaissent les questions étrangères ayant fait ce qu'il faut pour les apprendre, alors que d'autres, infiniment plus nombreux d'ailleurs, parlent de ces questions avec une extrême assurance bien que les ignorant profondément. Ce sont ces derniers qui croient que des thèses peuvent exister. Il n'en est pas ainsi.

L'ensemble des réalités militaires, navales, politiques, économiques, ethnographiques, psychologiques, nationales, — lesquelles se sont infiniment multipliées dans le quart de siècle précédant la guerre, spécialement en Europe centrale — forment des éléments positifs, indépendants de toutes les appréciations.

Ces réalités constituent comme une énorme machine aux rouages nombreux, ayant chacun une dimension précise, tournant avec une certaine vitesse pour donner un résultat déterminé.

Cette machine gigantesque et complexe s'est constituée peu à peu sous la pression des nécessités, son fonctionnement étant indispensable à la vie des peuples. Mais si l'existence de cette machinerie est un fait, cette existence est cependant fort mal comprise. Il en est ainsi parce que, si les éléments composant la machine politique sont tout aussi certains que les rayons X, de même que ces derniers, ils sont invisibles. Ceux-ci ne peuvent être perçus et utilisés qu'à l'aide d'appareils spéciaux. De même, les réalités constitutives de la machinerie « sciences politiques » qui assure la vie des peuples, sont perceptibles dans leur forme et leur fonction seulement à ceux ayant subi un entraînement intellectuel « sciences politiques » spécial. Or, très malheureusement, le nombre de ceux qui dans les pays alliés sont arrivés à un degré suffisant de culture « sciences politiques » est encore infime, alors qu'il est relativement très grand chez les Allemands, lesquels d'ailleurs se servent de ces sciences admirables pour tenter d'établir leur domination sur le monde.

Une preuve peut être donnée qu'il existe bien dans le domaine de la politique étrangère une véritable science dont les méthodes sûres donnent à ceux qui savent les appliquer, des résultats identiques. Par exemple, les quelques spécialistes de la politique étrangère en France et en Angleterre qui, quinze ans environ avant la guerre, ont étudié sur place la question d'Autriche-Hongrie, quoique ayant travaillé séparément, sans se connaître, donc sans aucune entente préalable, ont été unanimes à conseiller, une fois la guerre engagée, la même solution du problème de l'Europe centrale. En effet, contrairement à l'opinion générale admise en France et en Angleterre, ils ont préconisé le démembrement de l'Autriche-Hongrie dont les résultats avantageux pour contenir l'Allemagne pangermaniste se manifestent maintenant progressivement.

Mais si une question de politique étrangère ne peut comporter qu'une solution quand elle est envisagée par les citoyens d'un même pays, c'est-à-dire par des hommes ayant les mêmes intérêts généraux, par contre, cette même question de politique étrangère comporte naturellement une solution étrangère différente quand elle est considérée par des citoyens appartenant à un état dont les intérêts généraux sont opposés à ceux des premiers.

Par exemple, l'Allemagne avait le plus grand intérêt au maintien de l'Autriche-Hongrie alors que les Alliés avaient les meilleures raisons d'en vouloir le démembrement. De même, on conçoit aisément que l'Europe peut être organisée d'après deux conceptions radicalement différentes. Il y a la conception pangermaniste qui repose sur un terrorisme scientifiquement entretenu pour détruire tout élément de résistance sans aucun souci de la liberté humaine. Mais l'Europe peut être organisée sur une autre base. En effet, elle peut être essentiellement fondée sur le groupement des peuples décidés à respecter la liberté des Allemands (France, Belgique, Pologne, Tchécoslovaquie, Yougoslavie, Roumanie, Grèce, etc.,) mais en ayant pris toutes les dispositions nécessaires afin de s'opposer éventuellement aux réalisations pangermanistes qui mettraient fin à l'indépendance des slaves et des latins.

Donc, en politique étrangère, les solutions sont différentes si les points de vue sont divers, mais si le problème est envisagé du même angle par diverses personnes, celles-ci, — à la condition bien entendu d'être réellement et exactement documentées —, ne peuvent pas préconiser des solutions sensiblement différentes. Enfin, il tombe sous le sens commun que les réalités « mécaniques » de la grande machine politique qui permet aux peuples de vivre ne sauraient être modifiées par des arguments théoriques les plus subtils ou les plus ingénieux. Donc, les discussions inspirées par des thèses sont sans la moindre valeur.

Ces raisonnements permettent de se persuader qu'il n'y a pas de thèses en politique étrangère, pas plus qu'en mécanique. Par conséquent, relativement aux origines de la guerre, il n'y a pas de théorie à préconiser de préférence à une autre, il n'y a qu'à chercher à soutenir une opinion qui soit vraie et cette opinion ne peut être vraie que si elle procède d'une constatation consciencieuse des réalités.

II. Pour trouver les véritables origines de la guerre, il faut remonter assez loin, p.

Afin de dégager avec exactitude les origines de la guerre, il faut d'abord remonter à ses causes principales lointaines; le *Pangermanisme* qui commença à se développer en Allemagne vingt années *avant* de déchaîner la lutte et le *Pacifisme* des autres pays qui, dans la même période, favorisa d'une façon extraordinaire la croissance des ambitions pangermanistes (v. chapitre V).

Afin de remonter assez haut dans le passé et de me préserver contre toute influence pouvant résulter des événements actuels trop passionnants, je me servirai comme éléments de démonstration de faits bien établis et de textes publiés par moi longtemps *avant la guerre* dans des livraisons de revues maintenant épuisées. Le public ne peut donc plus se les procurer. Ces textes, bien antérieurs à la guerre, contenant des constatations faites sur place, étant reproduits scrupuleusement, constituent des documents impartiaux puisqu'en raison de leur date, ils se trouvent soustraits aux impressions trop ardentes que la période actuelle pourrait me faire éprouver.

Le chapitre VI, par exemple, de ce livre relatif à la période de lutte des Slaves et des Allemands en Autriche-Hongrie qui lia la partie, devant aboutir à la guerre, est constitué par une étude résultant de mes premiers voyages en Europe centrale. J'eus la plus grande peine, jadis, à publier ce travail. Il devait paraître à Paris dans *Le Correspondant* à la fin de 1897, il y a donc vingt-huit ans. J'étais jeune et l'acceptation de mon article par M. Lavedan père, qui présidait alors aux destinées de cette influente revue, m'avait rempli de joie. Je me croyais enfin à même de dévoiler à l'opinion publique française le grand danger pangermaniste alors totalement inconnu, dont je venais de découvrir l'étendue après plusieurs années de minutieuses enquêtes en Allemagne et en Autriche-Hongrie. Mais une grande déception, qui devait être suivie de beaucoup d'autres du même genre, m'attendait. Bien qu'admis, composé et ayant ses épreuves corrigées, mon article ne parut pas. J'appris plus tard qu'une influence ultra-conservatrice alors toute puissante au *Correspondant*, celle du marquis de Voguë, mit en dernière heure son veto à la publication de mon travail jugé subversif et révolutionnaire parce que favorable à la démocratie. J'y préconisais, en effet, l'introduction du fédéralisme en Autriche-Hongrie en faveur des populations slaves et latines, ce qui fut estimé comme une attaque inadmissible dirigée contre le pouvoir monarchique des Habsbourg.

Mais, j'ai conservé ces épreuves du *Correspondant* datées du 21 décembre 1897. C'est le texte qu'elles contenaient que je reproduis exactement. Le contrôle de l'authenticité des dates que j'indique pour cette étude et même pour son texte est possible, car après son échec au *Correspondant* mon étude parut, avec de très légères modifications de forme, sons le pseudonyme d'Albert Lefranc, sous le titre de *L'Empire allemand et les affaires autrichiennes* dans le numéro de janvier-février 1898 de la *Revue du droit public et de la science politique en France et à l'étranger*. M. Larnaude, professeur à la Faculté de Droit de Paris et plus tard son doyen, était le directeur de cette revue. La publication de mon étude lui valut les protestations violentes de ses collègues d'Outre-Rhin. Furieux de constater que, pour la première fois, on soulevait en France le voile sur les menées pangermanistes, ils démentirent avec indignation mes allégations dont le temps a depuis établi l'entière vérité. On pourra constater que ces textes après vingt-huit années sont encore d'actualité puisqu'ils établissent l'origine des vues annexionnistes sur l'Autriche de l'Allemagne que celle-ci s'efforce de réaliser en 1925.

La méthode que je viens d'exposer me permettra, j'espère, de démontrer avec certitude dans les deux chapitres suivants *Les Causes anciennes de la Guerre*.

Ensuite les bases fondamentales de la démonstration étant posées, le lecteur saisira sans effort *La Cause immédiate de la Guerre* démontrée dans le livre faisant suite à celui-ci.

Cette cause immédiate résulte de la volonté de Berlin et de Vienne d'enrayer les progrès de l'esprit d'indépendance des peuples slaves et latins de l'Europe centrale résultant des guerres balkaniques de 1912-1913, cristallisées dans le Traité de Bucarest du 10 août 1913.

CHAPITRE V

LES DEUX GRANDES RAISONS LOINTAINES DE LA GUERRE

I. LE PANGERMANISME. — Le gouvernement de Berlin initiateur du plan et de la propagande pangermaniste. — Le peuple allemand en accueillant avec une faveur toujours plus marquée le programme allemand de domination universelle s'est rendu responsable lui aussi du cataclysme mondial. II. LE PACIFISME. — Pourquoi il est indispensable de montrer nettement le péril pacifiste. — Preuves que j'attaque les pacifistes exclusivement dans l'intérêt d'une paix vraiment durable. — La politique pacifiste avant la guerre des pays de l'Entente. — Comment les pacifistes ont préparé la Pangermanie. — Le pacifisme procède d'une profonde ignorance de l'étranger et particulièrement de la psychologie allemande. — Le pacifisme avant 1914 était tel chez les grandes puissances que si elle n'avait eu à tenir compte que de celles-ci l'Allemagne aurait pu accomplir peu à peu son expansion pangermaniste sans avoir besoin de faire la guerre.

I. Première raison lointaine directe de la guerre. Le pangermanisme

Mon livre *Le Plan Pangermaniste démasqué* a mis en lumière cette raison fondamentale lointaine de la gigantesque lutte mondiale mais, en réalité, ce livre, paru au début de 1916, n'a fait que présenter sous une forme vulgarisatrice les données beaucoup plus complètes et plus précises, plus scientifiquement exposées dans mes ouvrages antérieurs. Je renvoie donc à ceux-ci et particulièrement à deux d'entre eux. *L'Europe et la question d'Autriche au seuil du XXe siècle*, paru en 1901, expose avec de nombreuses cartes, traductions de textes allemands et fac-similés de documents le plan pangermaniste fondamental de 1895 tel que je venais de 1e découvrir de 1896 à 1900 et tel qu'il a été exactement réalisé par les Allemands de 1914 à 1918.

Mon livre *Le Chemin de fer de Bagdad,* paru en 1903, complète le précédent. Il expose les raisons et les moyens de la coopération turco-allemande qui s'est manifestée sous toutes les formes depuis 1914 jusqu'à octobre 1918.

Des documents contenus et des faits constatés dans les trois ouvrages plus haut cités, il résulte incontestablement que dans la période 1892-1916, c'est-à-dire pendant vingt-quatre années : 1° Le gouvernement de Berlin a, sans répit, préparé un plan de domination universelle déjà précisé dans ses lignes fondamentales en 1895 et ensuite sans cesse étendu et mis au point ;

2° Ce plan dans certaines hypothèses était réalisable sans guerre, mais celle-ci étant également prévue, un formidable instrument de lutte qui, d'ailleurs, devait servir de menace constante afin d'assurer la capitulation en pleine paix des voisins de l'Allemagne devant ses prétentions, était incessamment rendu plus puissant par le gouvernement de Berlin ;

3° Depuis 1895, le programme des mainmises pangermanistes essentielles a été expliqué à tout le peuple allemand au moyen d'une propagande puissante, méthodiquement effectuée, surtout à l'aide de nombreuses conférences et de brochures répandues à profusion ;

4° Pendant dix-neuf années, de 1895 à 1914, de propagande pangermaniste publique sans cesse plus intense, aucune protestation susceptible d'être vraiment efficace n'a été faite par un parti allemand important contre le plan berlinois de domination universelle ;

5° Le peuple allemand dans son immense majorité en entrant en guerre savait parfaitement bien que celle-ci avait pour but de lui assurer un gigantesque butin, perspective qui lui a fait accepter d'avance les plus durs sacrifices pour obtenir finalement d'immenses profits matériels. Cet état d'esprit a été encore démontré par le fait que le 19 juillet 1917, les plus modérés des députés allemands du Reichstag assuraient vouloir la paix sur la base de la formule « ni annexions ni indemnités ». Or, l'application de cette formule, en raison des réalités de la carte de guerre et des faits accomplis à cette époque, eût abouti pratiquement à permettre à la Pangermanie centrale de se cristalliser, ce qui suffisait à assurer à l'Allemagne après un court délai, par voie de conséquences inéluctables, la réalisation de la totalité de toutes les autres ambitions pangermanistes. La justification de cette proposition se trouve dans ma brochure parue au début de 1918 : *Les bénéfices de guerre de l'Allemagne et la formule boche « ni annexions ni indemnités »*.

Au surplus, depuis la publication de ce travail, les faits certains ont démontré péremptoirement que la formule « ni annexions ni indemnités » n'a jamais été de la part de l'Allemagne et de ses vassaux qu'une manœuvre destinée à favoriser les courants pacifistes dans les pays alliés. En avril 1918, la *Germania* a d'ailleurs cyniquement reconnu : « La résolution de juillet n'était qu'une question de tactique, qui contribua à raffermir le pouvoir des bolcheviks et qui renforça le désir de paix à l'Est. Aujourd'hui cette tactique est écartée. A l'Ouest, le but est maintenant d'atteindre une paix victorieuse par la force des armes. (V. *Le Temps,* 18 avril 1918.)

Enfin, les social-démocrates du Kaiser se sont « résignés » aux formidables annexions germaniques à l'est avec une telle facilité qu'il est difficile de douter que cette violation cynique de leurs principes ne fût acceptée secrètement par eux depuis fort longtemps.

Ils ne se sont inclinés qu'en novembre 1918, après le désastre bulgare et l'effondrement de l'Autriche-Hongrie.

Les textes anciens et les faits acquis concordent donc pour prouver avec une évidence indiscutable que le Pangermanisme et le plan concret d'annexions et de mainmises qui en est résulté constitue la raison profonde lointaine et directe de la guerre.

II. Seconde raison lointaine indirecte de la guerre. Le pacifisme

Quand je publiai mon livre *Le Plan Pangermaniste démasqué,* au début de 1916, on pouvait alors espérer que la lutte finirait sans qu'il fût indispensable de démontrer comment le *Pacifisme* qui longtemps avant la guerre a régné dans les pays aujourd'hui alliés, a considérablement contribué à la provoquer. Si cet exposé de la seconde raison lointaine de la guerre avait été fait au commencement de 1916, il aurait pu porter atteinte à « l'union sacrée » qui était la base de l'entente morale régnant à cette époque dans les pays alliés, et qui était indispensable à la conduite de la guerre. En effet, au début de 1916, le silence des pacifistes permettait de penser qu'enseignés par la formidable leçon des faits odieux résultant de l'agression austro-allemande, ils avaient pour toujours renoncé à leurs funestes illusions d'avant-guerre. En outre, à cette époque, beaucoup de pacifistes notoires de jadis proclamaient nettement la nécessité de châtier les crimes allemands. Enfin, un très grand nombre d'anciens pacifistes de bonne foi faisaient vaillamment leur devoir de soldats contre l'impérialisme prussien. Dans ces conditions, il aurait pu être contraire au maintien de l'union morale si nécessaire à conserver dans l'intérêt commun des Alliés, de rappeler à ces pacifistes d'avant-guerre qu'ils avaient personnellement des responsabilités extraordinairement lourdes dans le déchaînement de l'affreux cataclysme. Mais au moment même où je révise ces lignes, c'est-à-dire au milieu de 1925, la situation morale dans les pays alliés est prodigieusement différente de ce qu'elle était au début de 1916. Depuis la révolution russe, mars 1917, notamment, jusqu'au début de l'offensive allemande contre le front d'occident, mars 1918, c'est-à-dire exactement pendant une année, un courant pacifiste d'abord faible et dissimulé s'est ensuite violemment déchaîné dans les pays de l'Entente. Les pacifistes meneurs de ce mouvement ne sont pas en réalité très nombreux, mais ils ont disposé de puissants moyens d'action qui leur ont permis d'agir de plus en plus sur les milieux dirigeants de tous les pays alliés. L'arrêt prématuré de la guerre par l'armistice du 11 novembre 1918 a grandement favorisé leur action. Depuis lors, par suite de l'incapacité dont ont fait preuve les dirigeants de l'Entente devant les problèmes posés par la paix, et en raison de la déception très compréhensible éprouvée par les peuples des grands pays de l'Entente, l'action des pacifistes est devenue prépondérante. Ils ont réussi à transformer la victoire des Alliés en défaite, au moins financièrement, et ils font tout ce qui est nécessaire pour rendre encore possible le triomphe de l'Allemagne, même au point de vue territorial. Les pacifistes constituent donc de dangereux monomanes contre l'action desquels on ne saurait trop se prémunir.

* * *

Afin de pouvoir démontrer avec une entière efficacité la responsabilité du pacifisme dans l'éclat de la guerre je tiens à le faire dans des conditions telles qu'aucune arrière-pensée ne puisse m'être supposée. Il faut qu'on soit bien persuadé, en effet, que si je prends à partie les pacifistes c'est uniquement parce que, contrairement aux apparences, ils sont, en réalité, de très dangereux ennemis de la paix car ils favorisent avec une impardonnable inconscience les plus formidables ambitions allemandes. Le meilleur moyen pour moi de prouver que mon attaque du pacifisme est faite exclusivement dans l'intérêt de la paix est de démontrer que tous mes efforts avant la guerre ont eu pour constante préoccupation le maintien d'une paix honorable et que, réellement, les solutions que j'ai préconisées jadis constituaient vraiment les moyens les plus propres à empêcher la guerre. La reproduction fidèle de quelques passages de mes ouvrages antérieurs à la guerre et relatifs aux problèmes tout à fait essentiels de la politique universelle fera la démonstration nécessaire.

En 1901, dans mon livre : *L'Europe et la question d'Autriche, au seuil du XXe siècle*, j'écrivais page 296 ces lignes prouvant très nettement que quand jadis j'ai réclamé des armements, ce fut uniquement parce que leur réalisation dans une proportion suffisante constituait, étant donné les buts politiques poursuivis par le gouvernement de Berlin et ses incessantes mesures militaires, le procédé le plus efficace d'empêcher la guerre.

« Rien plus que la défaillance de la France ne saurait encourager les pangermanistes à persévérer dans leur oeuvre. Ils savent que plus la puissance militaire de la France sera diminuée, et plus ils auront de chance d'entraîner le gouvernement de Berlin au moment décisif.

« La force restant, aujourd'hui comme hier, l'argument suprême de toutes les grandes crises internationales, on peut dire hardiment : *l'existence d'une armée française en bon ordre matériel et moral, toujours en état d'intervenir, est le plus sûr moyen d'empêcher, par le seul fait de son existence, l'immixtion de l'empire allemand dans les affaires de l'Autriche : par contre tout affaiblissement de l'armée française accroît d'autant les chances de réalisation du plan pangermaniste. »*

En ce qui concerne l'Autriche-Hongrie dont le sort a été si discuté dans les pays alliés, depuis la guerre, personne n'a été plus ferme partisan que moi-même de l'intégrité de la Monarchie de Habsbourg, *tant que le maintien de cette intégrité a pu être honnêtement considéré comme un moyen de maintenir la paix*. Dans l'ouvrage cité plus haut, page 415, j'écrivais en 1901 :

« Le gouvernement de Berlin travaille politiquement à détruire l'Autriche; la France et la Russie doivent travailler politiquement à la consolider. » Et je concluais pages 425-426 ce même livre par ces lignes :

« L'Autriche est un État pacifique, mais l'influence mauvaise de la cour de Berlin sur la cour de Vienne peut encore la pousser dans des complications orientales. Le « fédéralisme » mettrait obstacle à ce dernier danger. Les peuples de Cisleithanie se neutralisant les uns par les autres, ayant surtout à s'occuper sur leur propre sol de questions économiques et sociales, pourraient témoigner efficacement de leur répugnance pour les grandes acquisitions territoriales. L'Autriche deviendrait alors un modérateur des ambitions allemandes d'une puissance extrême et, avec une force encore plus grande que par le passé, elle resterait la clef de voûte de l'édifice européen. Or, que faut-il pour assurer au monde tous ces bénéfices ? *Simplement la volonté de prévoir à temps*.

« S'il est vrai qu'actuellement un danger redoutable menace l'Europe, tous les moyens existent d'y parer.

« C'est aux Français et aux Russes, au Tsar et au gouvernement de la République, qu'il appartient d'empêcher la « question d'Autriche » de jamais se poser. *Il dépend d'eux d'assurer aux peuples, pour une période nouvelle, ce bien suprême : la paix.* »

En réalité donc, je n'ai envisagé comme possible le démembrement de l'Autriche que quand l'emprise de Berlin sur Vienne fut devenue irrémédiable, c'est-à-dire à partir de 1909, après l'annexion de la Bosnie et de l'Herzégovine qui démontra l'indissoluble solidarité des intérêts impérialistes des dynasties des Habsbourg et des Hohenzollern. Mais, bien que cette opinion fût la mienne depuis 1909, je me suis bien gardé de l'exposer avant la guerre car alors il fallait éviter tout ce qui pouvait mettre le feu aux poudres en Europe.

Cela est si vrai que dans la préface de mon livre : *12 ans de propagande en faveur des peuples balkaniques*, paru en 1913, entre la première et la seconde guerre balkanique, j'écrivais encore le 28 mai de cette même année : « La politique extérieure de la France doit suivre de près l'action certaine du succès militaire des slaves des Balkans sur l'évolution interne de l'Autriche-Hongrie, état avec lequel nous devons désirer améliorer progressivement nos rapports, admettant que tout ce qui pourra favoriser cette évolution, — autant que possible dans le cadre des frontières actuelles de l'empire des Habsbourg, — est un résultat hautement désirable au point de vue français.

« Comprendre qu'il est de notre intérêt que l'Autriche-Hongrie évoluant soit dans les meilleurs termes possibles avec la Russie et *tous* les États balkaniques. »

J'ai donc été « austrophile », comme on dit encore aujourd'hui, jusqu'à la plus extrême limite possible. Je n'ai soutenu la conception du démembrement de l'Autriche-Hongrie que depuis le début de la guerre mondiale, parce que la paix ayant été détruite, par la complicité certaine de Vienne et de Berlin, il est impossible de la rétablir conformément au droit et de reconstituer l'Europe d'après le principe des nationalités sans liquider absolument le système d'oppression germano-magyare qui s'appelle l'Autriche-Hongrie et qui constitue l'une des bases les plus indispensables du militarisme prussien.

Autre exemple. Depuis longtemps déjà l'intervention de troupes japonaises en Europe m'est apparue comme un moyen efficace de maintenir la paix lorsque l'Allemagne voudrait la troubler. À la suite de plusieurs voyages d'études en Russie et après la guerre russo-japonaise je n'avais plus d'illusions sur l'étendue du rendement éventuel des armées russes dans une guerre européenne. En 1906 j'écrivais donc dans mon livre *Le Monde et la guerre russo-japonaise,* page 414 : « On doit admettre que la Russie, avant dix ou quinze ans, ne sera point redevenue une grande puissance militaire en condition, par exemple, de prendre part d'une façon vraiment efficace à une guerre contre l'Allemagne. » D'autre part, j'étais convaincu que les dirigeants de Berlin, de Vienne et de Budapest tenant avant tout aux principes aristocratiques bases de leur puissance, se sentant menacés par les progrès croissants des peuples démocratiques de l'Europe centrale dont le développement tendait à barrer automatiquement et en pleine paix la route au Pangermanisme, n'hésiteraient pas à réduire en servitude ces peuples non germains; j'étais encore persuadé que cette agression se produirait dans des conditions tellement odieuses que malgré l'intensité de leur pacifisme les autres grands États se verraient contraints à la guerre. Je cherchai donc quelles forces pourraient bien, lors de cette éventualité, venir remplacer ou soutenir en Europe les forces russes qui vraisemblablement ne pourraient pas remplir d'une façon suffisamment efficace leur tâche contre l'Allemagne. La fréquentation en 1903 de hautes personnalités militaires japonaises et divers indices recueillis au pays du Soleil Levant m'avaient incliné à croire que si les États européens d'Occident, — la France et l'Angleterre, — se décidaient à traiter enfin les Japonais sur un véritable pied d'égalité, ceux-ci seraient susceptibles en raison à la fois de leur réalisme, de leur esprit de pénétration et de leur idéalisme, de comprendre le danger pangermaniste. Je pensai qu'une diplomatie franco-anglo-russe prévoyante pourrait organiser par une entente avec Tokyo l'envoi en Europe de forces japonaises, qui pourraient compenser l'insuffisance d'organisation selon moi certaine des armées russes. Dans la revue *L'Énergie Française* du 11 mai 1907, page 289, j'exposai donc comment une entente diplomatique pouvait être conclue, afin « au cas où l'Allemagne déclarerait la guerre en Europe, de permettre aux troupes nipponnes de prendre part à la lutte sur le sol du Vieux Monde ». Mais si, dès 1907, je préconisais l'intervention japonaise, en même temps, je marquais très nettement que celle-ci devait être préparée uniquement dans l'intérêt du maintien de la paix. En effet, dans ce même article de *L'Énergie Française*, je disais textuellement page 289 :

« *En tout cas, il faudrait qu'une combinaison de cette nature, si elle entre jamais dans la réalité diplomatique, ne puisse prendre un caractère offensif contre l'Allemagne ; elle doit n'être qu'une mesure de précaution très puissante, tenue en réserve pour le cas où se produiraient des éventualités belliqueuses, dont nous ne prendrions pas l'initiative. Conçue ainsi et renfermée dans ces limites, la menace des Japonais coopérant en Europe avec les troupes françaises et anglaises, est l'un des plus sûrs moyens de faire comprendre à Berlin la nécessité de ne pas troubler la paix. Ainsi envisagée, l'entrée en scène de l'élément jaune sur le sol du Vieux Monde deviendrait un acte de prévoyance et de conservation européenne.* »

Enfin, à propos de l'Alsace-Lorraine à la page 666 de mon livre : *La Crise Française*, paru en 1912, donc à la veille de la guerre, j'ai nettement déclaré que si la reprise de l'Alsace-Lorraine est l'un des éléments nécessaires de l'idéal national de la France, le droit de revendication de la France était cependant inférieur à son obligation morale devant l'humanité entière de ne pas déchaîner la guerre.

« Un peuple qui oublie la chair de sa chair est destiné à la mort nationale. Mais comprenons bien que, *si la France a le devoir imprescriptible de se souvenir des provinces perdues, elle n'a pas le droit de mettre le feu à l'Europe pour son seul intérêt particulier. Sans doute, la question d'Alsace-Lorraine ne se résoudra jamais que par la guerre, mais cette guerre, ce n'est pas à nous d'en prendre l'initiative. Elle viendra des Allemands eux-mêmes et résultera du choc des événements, probablement comme une conséquence presque fatale des tendances de l'Allemagne à l'hégémonie. La question d'Alsace-Lorraine se résoudra alors par l'effet de cette grande lutte née, non directement à cause d'elle, mais à propos de l'équilibre européen. Il s'agira à cet instant suprême d'être victorieux et comme nous ne pouvons pas connaître le moment précis de ce formidable conflit, le problème consiste pour nous à être toujours prêts. »*

Ces déclarations et suggestions sont nettes. Elles s'étendent de 1901 à 1913 et des événements accomplis permettent grandement de croire que la paix aurait été conservée si les mesures préconisées jadis dans ces lignes avaient été prises : armements suffisants en France, diplomatie franco-russe favorisant l'évolution fédérale de l'Autriche-Hongrie possible jusqu'en 1909, création d'une confédération balkanique réalisable jusqu'en 1908, peut-être même jusqu'en 1912, organisation de l'intervention de troupes japonaises en Europe.

Après ces rappels de documents et de faits, personne de bonne foi ne saurait douter que si maintenant je montre l'immense danger du pacifisme et de ses propagateurs c'est uniquement en raison de ma conviction profonde — que j'espère faire partager — que l'action des pacifistes a puissamment contribué au déchaînement du Pangermanisme d'où est sortie l'affreuse guerre mondiale.

* * *

Le résultat capital obtenu par les pacifistes avant la guerre avait été de déterminer dans les pays qui furent alliés une orientation de la politique étrangère caractérisée par l'acceptation d'incessantes concessions devant les prétentions sans cesse renaissantes des gouvernants de Berlin et de Vienne qui se sont multipliées particulièrement depuis 1890. Assurément, dans la pensée de leurs auteurs, les acceptations des demandes germaniques furent faites dans le but de maintenir la paix mais, pour les raisons qui vont être exposées et qui sont encore fort mal connues, en réalité, malgré les bonnes intentions de leurs auteurs, ces concessions en raison de leur caractère excessif ont constitué pour l'Autriche et pour l'Allemagne les plus puissants encouragements qu'on pouvait imaginer à des ambitions démesurées.

Remarquons tout d'abord que dans les vingt-cinq années qui précédèrent la guerre deux courants d'idées apparemment opposées se déchaînèrent en Europe. D'une part, le gouvernement de Berlin poussant aux limites extrêmes l'application du militarisme prussien, organisait matériellement la réalisation de la Pangermanie et au moyen d'une propagande intense préparait moralement le peuple allemand tout entier à l'acceptation des diverses éventualités susceptibles d'assurer la domination universelle à l'Allemagne prussianisée.

D'autre part, exactement dans la même période, un courant pacifiste intense préconisait le désarmement en Russie, en Angleterre et en France.

Il est évident que ce courant d'opinion a singulièrement facilité la tâche des pangermanistes *parce qu'il a réalisé à l'extérieur des frontières de l'Allemagne la tâche complémentaire de celle accomplie dans les limites de l'Empire de Guillaume II.*

Il faut remarquer que le pacifisme s'est déchaîné indépendamment de la forme des États, aussi bien dans des monarchies constitutionnelles comme l'Angleterre que dans une République comme la France ou dans un Empire absolu comme l'était l'Empire des Tsars. On doit noter encore que dans chacun des pays de l'Europe aujourd'hui alliés, le pacifisme n'a pas été le monopole des partis d'opposition car il a infecté plus ou moins des fractions de tous les partis. Nombreux d'ailleurs furent les pacifistes parmi les dirigeants des pays de l'Entente, Lord Lansdowne et Sir Edward Grey, par exemple, qui présidèrent à la direction des affaires étrangères de la Grande-Bretagne ont été des pacifistes notoires.

Le tsar Nicolas II, autocrate de toutes les Russies, fut aussi un pacifiste fort agissant. C'est lui, en effet, qui a été le tenace initiateur de la conférence de La Haye dont les résultats ont été bien différents de ceux attendus par ceux qui la favorisèrent.

Sous l'influence des idées pacifistes, les faits ou groupes de faits qui de la part des gouvernements européens aujourd'hui alliés furent des concessions faites à l'Allemagne en vue d'assurer la paix mais qui à Berlin furent considérés comme des capitulations morales invitant à accroître toujours davantage les prétentions pangermanistes ont été si nombreux que je puis seulement rappeler les plus essentiels. Je citerai par exemple.

1° La facilité avec laquelle la Russie de 1890 à 1904 se laissa détourner par la diplomatie allemande de sa politique traditionnelle dans les Balkans pour aller, selon les suggestions de Berlin, s'engager en Extrême-

Orient, pour s'y faire finalement battre par le Japon, ce qui laissa le champ libre à l'Allemagne dans l'Orient européen.

2° Le traité franco-allemand du 4 novembre 1911 en vertu duquel la France céda 275.000 kilomètres carrés du Congo français à l'Allemagne alors que, pratiquement, ce traité confirmait si solidement les hypothèques économiques allemandes sur le Maroc que le 9 novembre 1911, *une fois le traité signé*, le chancelier allemand, M. de Bethmann-Hollweg pouvait déclarer avec vérité au Reichstag :

« Nous n'avons rien donné au Maroc que nous n'ayons déjà donné et nous avons gagné un agrandissement de notre domaine colonial. » De fait, la France était tellement liée par ce traité qu'il fallut la guerre mondiale pour qu'elle put établir au Maroc les lignes télégraphiques et les chemins de fer que le traité du 4 novembre 1911 lui interdisait d'entreprendre sans avoir, au préalable, obtenu l'autorisation de Berlin à la fois quant à l'exécution de ces travaux et à l'ordre de leur réalisation.

3° L'incompréhension véritablement extraordinaire par sa persistance dont firent preuve à la fois la France, l'Angleterre et la Russie dans l'affaire du chemin de fer de Bagdad. À partir de 1900 cependant, il était manifeste que ce chemin de fer était destiné à devenir l'armature de tout le plan allemand de domination universelle. Or, lors de l'entrevue de Potsdam en novembre 1910, Nicolas II accepta définitivement l'exécution des chemins de fer allemands en Turquie et leur raccordement avec ceux que la Russie pourrait construire en Perse.

D'autre part dans ses retentissants mémoires, le prince Lichnowsky a révélé qu'en 1912-1913 Sir Edward Grey lui fit l'énorme concession d'accepter bénévolement l'exécution des lignes allemandes dans l'empire ottoman. En vertu de cet accord anglo-allemand, la zone d'influence britannique était délimitée sur la côte du golfe Persique et dans la région des chemins de fer Smyrne-Aïdin, la zone d'influence économique française comprenait la Syrie et l'Arménie russe, mais le gros morceau, la Mésopotamie entière jusqu'à Bassorah, c'est-à-dire le morceau de choix, dont la possession assurait la domination du reste de l'Empire ottoman, était reconnue par l'Angleterre comme zone des intérêts allemands.

Sir Edward Grey alla donc au-devant des désirs pangermanistes en consentant à l'Allemagne la réalisation du Hambourg-Bagdad ; il est clair que si Sir Edward Grey agit ainsi, ce fut par effet de son zèle pacifiste et dans la croyance qu'en abandonnant l'Orient à l'Allemagne, celle-ci laisserait la paix au reste du monde. Cette naïve conviction était d'ailleurs fort répandue chez les pacifistes socialistes d'Occident pour lesquels, constate le prince Lichnowsky, Sir Edward Grey avait des sympathies. Or, comme ce dernier, les socialistes pacifistes étaient généralement d'avis que pour éviter la guerre, le mieux était de s'incliner sans résistance devant les volontés de Berlin. C'est pourquoi beaucoup d'entre eux acceptaient par avance très nettement les plans allemands sur l'Europe centrale et sur le Hambourg-Golfe Persique.

Rien ne saurait mieux établir l'existence formelle de cette opinion que les quelques lignes extraites d'un livre publié en 1913 par un député socialiste français notoire, M. Marcel Sembat. Cet ouvrage publié sous le titre curieux *Faites un roi, sinon faites la paix*, mérite une attention toute particulière pour deux raisons. D'abord, M. Sembat y traitait des questions les plus graves avec une compétence et une perspicacité dont le degré moyen est suffisamment indiqué par cette appréciation : « Cela se règle en huit jours, une guerre du XXe siècle. » (*Op. cit.*, p. 126.)

Ensuite, si ce livre n'exprimait certainement pas l'opinion de l'immense majorité du peuple français, il correspondait tellement aux tendances du groupe très agissant des pacifistes français qu'au mois d'août 1913, il en était à sa dix-huitième édition, ce qui pour un ouvrage de ce genre constituait un succès de librairie sans précédent. Le grand système de M. Sembat pour éviter la guerre se résumait dans la capitulation préalable, complète et de bonne grâce devant les volontés de l'Allemagne même sur les points les plus essentiels. M. Sembat conseillait donc aux Français l'abandon définitif de toute idée de revendication de l'Alsace-Lorraine. En outre, à la page 145 de son livre, M. Sembat déclare : « Bismarck lance à l'Autriche le mot d'ordre fameux *Drang nach Osten !* En marche vers l'Orient !

« Par clairvoyance élémentaire, nous aurions dû nous en féliciter ! Vers l'Orient ? Cela détournera de nous le courant germanique ! Aimiez-vous mieux qu'il coule à l'ouest ?

« Bismarck nous montre la Tunisie et l'Afrique ; il montre à la race allemande l'Orient; nous avons chance de ne pas nous heurter !

« Sommes-nous contents ? Nous sommes furieux ! exaspérés ! Pour moi, je ne trouve rien de plus bête que cette fureur qui nous prend quand l'Allemagne forme des plans sur l'Anatolie, sur le chemin de fer de Bagdad, sur toute l'Asie Mineure. Je lui crierais de grand cœur : Bon voyage ! »

Dans son état de virginité géographique, ethnographique, économique, psychologique, nationale, M. Sembat, pas plus que Sir Edward Grey d'ailleurs, ne s'est douté que donner à l'Allemagne l'Orient, c'est lui fournir les moyens d'asservir, en outre, l'Occident. L'idée que la mainmise germanique sur l'Europe centrale pourrait bien entraîner l'esclavage de populations démocratiques ayant droit à la liberté n'arrête pas davantage M. Sembat. Parlant des intérêts de la Russie dans les Balkans à la page 182 de son ouvrage M. Sembat assurait par avance le gouvernement du Tsar que la France se refuse à « tirer l'épée pour ses intérêts dans les Balkans, pour la Bosnie-Herzégovine, pour le cochon serbe ».

Or, comme on va voir, en 1913, M. Sembat exprimait des opinions aboutissant pratiquement aux mêmes résultats que ceux qu'aurait préconisés M. Caillaux en 1916. En effet, dans le réquisitoire du gouverneur militaire de Paris du 10 décembre 1917 contre l'ex-président du conseil français, le langage suivant est attribué à M. Caillaux lorsque, se trouvant en Italie en décembre 1916, il s'efforça d'amener à la paix la France et l'Italie. « Tous les frais de la guerre, disait M. Caillaux, devront être payés par la Russie et les Balkans. La Serbie disparaîtra et n'aura que ce qu'elle mérite. Quant à la Roumanie, elle disparaîtra également, c'est un malheur, mais il vaut mieux que ce soit elle qui paye la casse que nous. »

Ainsi, en pleine guerre, M. Caillaux, à la grande indignation de la France, connaissant alors le plan pangermaniste aurait recommandé la même solution à laquelle aboutissaient en fait, en pleine paix, les opinions de M. Sembat en 1913 dont alors on ne « réalisait » pas les conséquences. Or, en 1913, précisément Sir Edward Grey travaillait, secrètement d'ailleurs, à combler les vœux de M. Sembat puisqu'il cédait bénévolement à l'Allemagne la Mésopotamie comme sphère d'influence exclusive ainsi que l'a révélé le prince Lichnowsky. Des socialistes très représentatifs des opinions dominantes de leur parti comme M. Sembat et des gouvernants pacifistes comme Sir Edward Grey jouant un rôle décisif, étaient donc absolument d'accord sur la ligne de conduite générale à suivre dont les événements ont prouvé le caractère funeste. Les faits incontestables établis par le mémoire Lichnowsky étant là, on peut conclure sans crainte de se tromper : avant la guerre, croyant ainsi l'éviter et par l'effet d'une profonde ignorance des réalités et des conséquences de leurs concessions, les socialistes pacifistes et les pacifistes des pays qui furent alliés inconsciemment sans doute mais en fait très résolument préparaient la Pangermanie comme depuis l'armistice ils la préparent à nouveau sans paraître s'en douter davantage.

***

Le pacifisme a pour cause générale profonde la très faible connaissance qu'on doit malheureusement constater dans les pays de l'Entente des choses de l'extérieur, donc de l'Allemagne. Il en résulte que ceux qui par tempérament sont portés à l'idéologie discutent de la guerre et de la paix au moyen de principes abstraits et de conceptions a *priori* sans avoir pour se préserver des erreurs de jugement la connaissance de faits précis soigneusement contrôlés. Ces idéologues voient donc les pays étrangers comme ils voudraient qu'ils soient et non pas comme ils sont. C'est dans cette catégorie d'esprits portés à la théorie que se recrutent les pacifistes. Il est aisé de comprendre que si ceux-ci connaissent très peu les réalités extérieures matérielles, ils ignorent encore bien plus les réalités extérieures immatérielles, la psychologie du peuple allemand notamment. Or, toute l'erreur pacifiste a pour raison très précise une méconnaissance absolue de la psychologie des Allemands. Les faits de politique extérieure pacifiste de 1890 à 1914, c'est-à-dire les concessions infinies faites à l'Allemagne ou à l'Autriche dans cette période ont été généralement considérées en Angleterre, en Russie et en France comme des actes de sagesse propres à assurer la paix. Or, cette appréciation procède d'une méconnaissance totale du caractère allemand.

Ceux qui dans les pays alliés ont cru et croient encore que faire une concession aux Allemands est le plus sûr procédé de les engager à répondre par des concessions correspondantes se trompent absolument. L'Allemand prussianisé voit une preuve de faiblesse dans toute concession qui lui est faite. Celle-ci a pour résultat de l'inciter à exiger bientôt davantage. Il faudrait que dans les pays alliés on se pénétrât de cette vérité connue de tous ceux qui ont vraiment observé de près l'Allemagne et les Allemands. Ceux-ci en raison d'un atavisme séculaire qu'il est impossible de songer à changer rapidement, respectent uniquement la force matérielle dirigée par une force intellectuelle qui les connaisse bien. L'unique moyen d'obliger l'Allemagne à conserver la paix est de l'y contraindre, conformément au droit assurément, mais par des moyens de force plus puissants que les siens et toujours prêts à être employés. Les faits prouvent très nettement le danger des concessions aux Allemands. Avant le traité franco-allemand du 4 novembre 1911 relatif au Maroc, qu'à l'heure actuelle beaucoup de braves gens en France peu informés considèrent encore comme un acte ayant contribué au maintien de la paix, M. Paul Leroy-Beaulieu avait très bien prévu dans l'*Économiste français* de 11 septembre 1911 que ce traité encourageait les Allemands à de nouvelles prétentions.

Offrir, disait le grand économiste, des « immensités à une nation qui n'a pas risqué ni un seul soldat ni un seul centime et qui se contente de nous soumettre à un chantage obstiné, c'est en encourager la répétition indéfinie ». Or, en effet, les pangermanistes ne furent nullement satisfaits des énormes concessions que M. Caillaux fit à l'Allemagne, mais ils estimèrent que la menace ayant obtenu déjà un sérieux résultat il fallait la recommencer à la plus prochaine occasion.

La preuve que tout arrangement avec .les Allemands pouvant être attribué à la crainte d'employer la force est toujours interprété par eux comme une capitulation provoquant aussitôt de nouvelles exigences de leur part résulte très nettement des importantes révélations faites au milieu de septembre 1917 au journal *Le Temps* par M. Iswolski, ex-ministre du Tsar Nicolas II. Guillaume II ayant exposé dans une conversation à M. Iswolski qu'il voulait entraîner la France dans une alliance avec l'Allemagne contre l'Angleterre, le ministre russe fit remarquer à l'Empereur allemand : « Il y a entre la France et l'Allemagne la question d'Alsace-Lorraine. » « Mais elle est réglée, répondit Guillaume II. *Dans l'affaire du Maroc, j'ai jeté le gant à la France. La France a refusé de le relever, elle a donc refusé de se battre avec moi, par conséquent la question d'Alsace-Lorraine n'existe plus entre nous.* »

Ainsi donc, d'après un témoignage qui n'est pas douteux, c'est l'Empereur allemand lui-même qui nous a appris que toutes les fois qu'à propos d'un conflit on ne veut pas se battre avec l'Allemagne, cette attitude est interprétée à Berlin comme une capitulation. Or, en raison de leur psychologie qui évidemment ne saurait être changée, cette façon d'interpréter les concessions des voisins est celle de la quasi-totalité des Allemands.

La vérité stricte est que, quand on a le bon droit pour soi et les moyens de force permettant de le faire respecter, toute concession faite à l'Allemagne constitue une lourde erreur psychologique qu'il faut payer chèrement car elle conduit fatalement à un conflit beaucoup plus grave que celui qu'on a évité. Les faits permettent encore de vérifier la justesse de ce point de vue. Il tombe sous le sens commun que vers 1900 une opposition énergique et efficace aurait pu être faite au projet allemand du chemin de fer de Bagdad par la Russie, la France et l'Angleterre. L'accord de ces trois puissances aurait pu être réalisé car pour des esprits clairvoyants, dès lors, il était très clair qu'elles étaient également menacées dans leurs intérêts vitaux par le Bagdad. D'autre part, à cette époque, ces trois puissances disposaient de forces devant lesquelles Berlin aurait dû s'incliner car l'opinion allemande n'avait pas encore été passionnée par la connaissance du plan pangermaniste. Donc, avec un effort relativement très faible, à la condition d'agir avec ténacité et résolution, on eût obtenu alors un immense résultat. Comme les conceptions pangermanistes sont toutes fondées sur la réalisation du Hambourg-Bagdad, elles eussent été ruinées par la base au moyen d'une opposition efficace faite au projet de chemin de fer allemand de Bagdad. Le poison pangermaniste qui à cette époque commençait seulement à se répandre eût été détruit avant d'avoir pu infecter la quasi-totalité des Allemands. Les incessantes prétentions nouvelles allemandes, depuis 1900, n'auraient pas pu se manifester après cette opposition énergique au premier acte de réalisation pangermaniste et ainsi la catastrophe mondiale n'aurait pas pu se produire.

En réalité donc, les concessions incessantes qui ont été faites jadis avec les meilleures intentions par la France, la Russie et l'Angleterre aux Allemands n'ont fait que les inciter à réclamer toujours davantage et à accroître sans cesse leurs exigences. C'est pourquoi il est vrai et raisonnable de conclure que ces concessions faites jadis par les Alliés d'aujourd'hui sous l'influence des pacifistes étaient exactement le contraire de ce qu'il eût fallu faire car elles ont constitué une constante surexcitation des ambitions allemandes d'où est sortie la guerre. En somme, *le Pacifisme a créé l'atmosphère toute spéciale qui était indispensable pour permettre à la plante vénéneuse du Pangermanisme de croître et de se développer.*

* * *

Donc s'il est exact de dire que le pacifisme a été une raison lointaine de la guerre parce qu'il a créé un état de choses la rendant beaucoup plus facile à l'Allemagne, par conséquent incitant le gouvernement de Berlin aux prétentions les plus excessives, il est également vrai que le pacifisme avait donné aux grandes puissances une telle habitude de la concession-capitulation que *si les grandes puissances seules avaient existé en Europe*, l'Allemagne vraiment n'aurait pas eu besoin de leur faire la guerre pour parvenir à ses fins. L'Italie, alliée de l'Allemagne, s'ouvrait volontairement à toutes les entreprises germaniques. En France, les Allemands jouissaient d'une liberté incroyable et croissante. Certains d'entre eux obtenaient des concessions industrielles extrêmement importantes. À Londres, les Allemands avaient pénétré partout. La doctrine du libre-échange leur assurait toute facilité commerciale dans les immenses territoires britanniques. Quand le gouvernement de Berlin avait une prétention nouvelle (chemin de fer de Bagdad, Congo français, privilèges économiques au Maroc) en fait après quelques tiraillements et un semblant de résistance pour la forme, il obtenait de la France, de la Russie et de l'Angleterre tout ce qui était nécessaire à la réalisation en pleine paix du plan pangermaniste. Des hommes comme M. Giolitti en Italie, Caillaux en France, lord Haldane et Sir Edward Grey en Angleterre, entretenaient dans ces trois pays la situation *optima* pour les projets de Berlin. Sir Edward Grey les secondait même de toutes ses forces puisqu'il concéda sans aucune difficulté la Mésopotamie à l'Allemagne, ce qui pratiquement assurait à celle-ci l'hégémonie sur toute l'Europe centrale et sur les Balkans.

En somme, la France et l'Angleterre étaient gouvernées par des cabinets d'esprit réellement pacifiste et en Russie le peuple avait des sentiments nettement pacifistes. C'est ce que j'ai constaté, en 1906, à la page 413 de mon livre *Le Monde et la guerre russo-japonaise*, dans lequel je citais ces lignes d'Alexandre Briant-chaninoff dont la révolution russe de 1917 a démontré l'éclatante vérité :

« Le peuple russe est pacifique par sa nature, il l'est même à un tel point que, malgré le régime de l'autocratie militaire qu'il subissait depuis deux cents ans, le militarisme n'a jamais eu en Russie ni apôtres ni disciples influents.

« Tout au contraire, le Russe, par son caractère d'un mysticisme inné, est enclin bien plus à prêter l'oreille aux utopies de l'autre extrême ; non seulement il rêve à un certain internationalisme comportant de suite comme conséquence naturelle l'antimilitarisme, mais il veut mettre ses rêves en pratique. »

Donc en définitive, en raison du pacifisme et des capitulations indéfinies qu'il déterminait, la cause réelle, la cause essentielle de la guerre ne saurait être trouvée ni en Russie, ni en France, ni en Angleterre. À aucun de ces trois pays, le gouvernement de Berlin n'avait besoin de faire la guerre puisqu'en pleine paix il faisait aisément accepter à chacun d'eux ce qui était nécessaire à la réalisation continue de ses plans les plus ambitieux.

Chapitre VI

Slavo-Latins et Germano-Magyars en Autriche-Hongrie avant la guerre

I. Différences capitales entre l'état de la Démocratie en Occident et en Europe centrale. II. L'intérêt européen des crises autrichiennes dès 1897. III. Les races en présence en Autriche. IV. Pourquoi, au point de vue européen, la rivalité des races présente plus d'importance en Bohême que dans le reste de l'Autriche. — La Bohême stratégique. — Tchèques et Allemands. V. La lutte à propos des ordonnances sur les langues de 1897 marque les débuts du Pangermanisme en Autriche. VI. La propagande croissante en Autriche des sociétés inspirées de Berlin et ses résultats dès 1897. VII. Situation intérieure générale de la monarchie des Habsbourg à la veille de la guerre.

On a pu constater dans les pages précédentes pour quelles raisons la cause réelle de la guerre ne saurait être trouvée ni à l'est ni à l'ouest de l'Allemagne ; on va maintenant saisir pourquoi cette cause réelle, cette cause essentielle de la guerre ne peut être géographiquement découverte qu'en Europe centrale. Pour comprendre clairement pourquoi il en est ainsi, il est indispensable de saisir tout d'abord les différences capitales existant entre l'état de la démocratie en Occident (France et

Angleterre) et chez les peuples slaves et latins, qui furent sujets des Habsbourg.

I. Différences capitales entre l'état de la démocratie en Occident et en Europe centrale

En Angleterre, l'avènement d'un régime démocratique a été le résultat d'une lente évolution parlementaire. Comme ce régime a coïncidé avec la longue période brillante de l'empire britannique, les Anglais se sont peu à peu habitués à considérer ce régime comme fort satisfaisant. Il en résulta l'état d'esprit suivant. Dans le quart de siècle qui précéda la guerre, au point de vue extérieur, les Anglais vécurent sur leurs anciennes conceptions sans éprouver aucunement le besoin de les moderniser : par suite, ils ignorèrent complètement le péril pangermaniste et crurent pouvoir s'occuper librement de leurs problèmes sociaux intérieurs en se laissant complètement gagner par les idées pacifistes. Cet ensemble fit que la démocratie britannique au moment où l'aristocratie allemande organisait toutes ses forces, se trouvait dans l'état d'atonie et de passivité le plus favorable qu'on pût concevoir à la réalisation des projets gigantesques du gouvernement de Berlin.

En France, la démocratie est le résultat de la révolution française fondée sur la déclaration des droits de l'homme et du citoyen. Mais depuis 1789, on en est resté en France à la phase théorique sans s'être suffisamment préoccupé de faire passer dans la réalité l'admirable formule républicaine : liberté, égalité, fraternité. D'ailleurs, la Restauration et le second Empire étaient des régimes qui ne permettaient pas l'organisation de la démocratie. Quand la troisième République fut fondée en 1871 on aurait pu y procéder, mais alors il eût fallu que les classes dites dirigeantes aient rempli leur devoir social. Ce sont, en effet, les grands industriels et les grands commerçants — parce que certains d'entre eux avaient une culture intellectuelle suffisante pour comprendre la nécessité des réformes sociales en même temps qu'ils possédaient les moyens matériels de créer de grands journaux et de faire des organisations électorales indépendantes — qui auraient dû prendre l'initiative d'organiser sincèrement la démocratie française. Il n'en fut malheureusement pas ainsi. Imbus d'idées réactionnaires ou inactifs par simple égoïsme, ne comprenant pas le caractère indispensable d'une évolution démocratique profonde, la plupart des bourgeois aisés qui avaient les moyen d'agir boudèrent la République. Leur abstention dédaigneuse eut cette conséquence. Peu à peu la représentation parlementaire de la nation passa à des politiciens professionnels, c'est-à-dire à des hommes qui considèrent leur vie publique non comme un service qu'ils veulent rendre à leur pays mais comme une véritable carrière qui doit avant tout assurer leur existence personnelle. Des politiciens de ce type sont entrés dans une proportion trop grande dans tous les partis français. Pour la plupart intelligents et beaux parleurs, leur préoccupation essentielle était d'assurer leur réélection. Ils ne se souciaient point des intérêts généraux du pays car ils ne les connaissaient pas. Ces politiciens ne se préoccupaient pas davantage de ce qui se passait à l'extérieur, même en Allemagne, malgré la terrible leçon de 1870. Après la crise d'Agadir certains d'entre eux sentirent bien que des événements graves pourraient surgir, mais chez la plupart cette sensation fut vague et ils se flattaient que si l'orage éclatait ce serait beaucoup plus tard. L'état actuel des choses durerait bien autant qu'eux.

Inconscients des réalités extérieures toujours plus menaçantes, ces politiciens préoccupés avant tout de maintenir dans leur circonscription électorale un état d'esprit favorable à leurs intérêts personnels c'est-à-dire à leur réélection, faisaient des discours rassurants. La paix était de plus en plus assurée, on devait par conséquent diminuer le poids des armements. A la veille même de la guerre, beaucoup d'entre eux soutenaient qu'on pouvait sans danger abandonner le service militaire de trois ans pour revenir à celui de deux ans.

Comment, étant donnée l'ignorance générale en France des choses de l'étranger, les braves électeurs français, malgré les admirables qualités de bon sens et de patriotisme dont ils ont donné de si incontestables preuves pendant la guerre, ne se seraient-ils pas laissé prendre aux harangues de tant de beaux parleurs ? Ceux-ci discouraient avec tant de conviction qu'ils se grisaient de leurs phrases sonores et étaient persuadés eux-mêmes de la valeur de leurs arguments théoriques. En haranguant fréquemment leurs électeurs, ils croyaient réellement remplir tout leur devoir car la plupart de ces politiciens professionnels croyaient fort sérieusement qu'ils avaient agi quand ils avaient parlé. Il résulta de cet ensemble que la démocratie en France au lieu d'organiser ses forces pour le meilleur service de son peuple admirable fusa simplement dans la verbalité.

Ainsi donc, avant la guerre, exactement dans la même période où les Allemands organisaient formidablement l'impérialisme au moyen d'une connaissance approfondie des réalités acquise à l'aide des grandes sciences politiques appliquées, les démocraties d'Occident (France et Angleterre), pour les raisons différentes mais concordantes restaient dans un état rudimentaire particulièrement favorable à la réalisation des projets de Berlin. Guillaume II pouvait-il souhaiter un état de choses plus conforme à la réalisation de ses fins que les démocraties occidentales subissant d'une façon particulièrement intense les influences de genre divers mais de conséquences identiques d'un Giolitti à Rome, d'un Caillaux en France, d'un Haldane ou d'un Grey à Londres ?

Par contre, dans le quart de siècle qui précéda la guerre, l'état de la démocratie des peuples slaves et latins en Europe centrale — et c'est là le point capital à saisir — devint de plus en plus contraire à la réalisation du plan allemand de domination universelle.

En Autriche, les Polonais, les Tchéco-Slovaques, les Yougo-Slaves, les Roumains, physiquement très vigoureux et plus prolifiques que les Allemands étaient opprimés depuis des siècles soit par les Allemands seuls, soit depuis 1866 par des Allemands ayant combiné leurs efforts de domination avec les Magyars. À partir du XIXe siècle, ces peuples opprimés peu à peu touchés par l'esprit de la révolution française se passionnèrent pour le principe de la liberté humaine dont la première application en Europe centrale impliquait la libération de leurs nationalités. Il en résulta que dans la même période où Anglais et Français pour les raisons rappelées plus haut tombèrent dans un état d'atonie politique, les peuples slaves et latins, sujets malgré eux des Habsbourg se lancèrent dans le combat pour la liberté avec une énergie toujours croissante. Contraints de mener une lutte de tous les instants contre des oppresseurs aussi résolus et aussi habiles que les

Allemands et les Magyars, les Slaves et les Latins d'Autriche-Hongrie restèrent constamment sur le terrain des réalités. Tout en ayant pour idéal les principes de la Révolution française, ils ne se payèrent donc pas de mots comme les citoyens d'Occident. Ne voyant que les faits, les Slaves et Latins d'Autriche-Hongrie finirent par « réaliser » très bien le danger allemand sans cesse grandissant alors que celui-ci restait entièrement incompris en Occident. Cette clairvoyance intellectuelle chez des peuples nombreux et physiquement forts détermina cette situation. Autant en Occident la démocratie était dans un état favorable aux réalisations pangermanistes, autant son état en Europe centrale leur était contraire. On conçoit donc par conséquent, que si le gouvernement de Berlin avait intérêt à voir maintenir la démocratie à l'Occident en raison de son état spécial il avait le plus grand intérêt à la détruire en Europe centrale.

II. L'intérêt européen des crises autrichiennes dès 1897

Depuis trente années surtout, la lutte des Slavo-Latins contre les Germano-Magyars en Autriche-Hongrie est devenue sans cesse plus aiguë. Mais en raison de cette extraordinaire ignorance des choses de l'étranger qui régna en France et en Angleterre avant la guerre, cette lutte de la démocratie en Europe centrale contre les aristocraties allemande et magyare coalisées, bien qu'elle soit la véritable cause de la guerre mondiale, est encore à peu près inconnue dans les pays qui furent alliés au moment même où j'écris ces lignes c'est-à-dire sept années presque après l'armistice.

Afin de donner une impression particulièrement vivante de l'instant précis où les Slaves d'Autriche entrèrent en lutte directe avec les Pangermanistes, je reproduis ici une étude datant de 1897 (voir p. 129), qui donne un aperçu rapide de cette courte mais capitale période de l'histoire du monde. Ce texte de 1897 ne parle pas de la Hongrie parce qu'à cette époque c'est en Autriche que se concentra le grand combat entre Slaves et Pangermanistes qui tout récemment, en 1895, venaient d'établir leur premier plan concret. C'est seulement un peu après 1897 que la lutte s'étendit à la Hongrie en raison de l'identité des intérêts aristocratiques existant entre les grands propriétaires fonciers magyars et les junkers prussiens. Après ce rappel nécessaire des événements particulièrement importants qui précédèrent l'année 1897, on trouvera à la fin de ce chapitre une vue d'ensemble des luttes nationales à la veille de la guerre dans toute la monarchie des Habsbourg considérée dans son ensemble.

En 1897 j'écrivais :

La démission du comte Badeni, les troubles de Prague, la situation parlementaire à Vienne, préoccupent vivement. L'attitude de la presse allemande, l'intervention de Mommsen dans les affaires autrichiennes, ne sont pas pour calmer les inquiétudes. Les événements d'Autriche ne constituent pas un accident quelconque dans la politique intérieure de cet État. Leur portée est plus haute, il faut en préciser le cadre, en mesurer les forces, en calculer les conséquences.

La question qui se pose en Autriche est de savoir si les Slaves y jouiront de droits en rapport avec leur nombre ou s'ils continueront à vivre sous un régime purement allemand.

Loin d'être restreint aux frontières de l'Empire, l'intérêt des affaires autrichiennes rayonne largement au dehors. Pas une puissance en Europe ne peut s'en désintéresser; de leur solution dépend la paix ou la guerre.

Pour comprendre la situation, point n'est besoin de refaire l'histoire d'Autriche, trame serrée de pactes, d'alliances, de mariages, de compromis, de diplômes. Il suffit de toucher quelques sommets de cette histoire et d'esquisser, à larges traits, l'ethnographie des peuples de l'empire autrichien.

III. Les races en présence en Autriche

Jadis, aux premiers siècles, les Slaves possédaient non seulement les terres de l'Autriche, mais encore une grande partie des territoires de l'empire allemand actuel 2.

Mis en contact avec la civilisation latine, touchés de son éclat, éduqués par elle, les Allemands acquirent une puissance supérieure. Leur expansion s'exerça à l'Est et au Sud-Est. Les masses slaves durent céder à la poussée du flot germanique.

En Autriche, la conquête allemande eut une fortune diverse; ses empreintes n'eurent pas partout la même profondeur.

Suivant qu'avec les siècles, la cristallisation de l'élément germanique devint ou non parfaite, l'Autriche se divisa en deux régions distinctes : celle où les Allemands chassèrent vraiment du sol les Slaves, celle où ils ne firent que les submerger et les recouvrir.

Ces deux états si différents de cristallisation déterminent les groupes ethnographiques de l'Autriche contemporaine. Ils sont à la fois la cause et la clef des événements actuels.

---

[2] L'Allemagne moderne s'est en grande partie formée par la conquête progressive et par la colonisation des pays qui étaient slaves à la fin du IXe siècle. (Freeman, *Histoire générale de l'Europe*, p. 194.)

Dans les provinces au sud de la Bavière, dans la haute et la basse Autriche, en Styrie et en Carinthie, la cristallisation fut complète, la conquête allemande absolue. Les Slaves abandonnèrent le sol ; partout ailleurs, ils ne furent que dominés et subjugués.

En distinguant quatre groupes ethnographiques, on donne à la répartition des éléments slaves et allemands en Autriche sa forme la plus simple.

Au centre, le groupe allemand, comprenant les provinces déjà nommées, avec la capitale Vienne.

Au sud, un groupe slave (Slovènes et Croates), formé de l'Istrie, de la Carniole et de la Dalmatie.

Au nord, un second groupe de Slaves, les Tchèques, habitant le royaume de Bohême, qui comprend aussi la Moravie et la Silésie.

Au nord-est enfin, un troisième groupe slave composé de Polonais et de Ruthènes, dont le territoire forme un arc immense au nord de la Hongrie.

Donc, au centre et à l'ouest un groupe allemand, partout ailleurs des Slaves.

Mais, circonstance sur laquelle il faut insister, aucun de ces groupes ne présente une homogénéité absolue. Dans chacun d'eux, il y a un mélange d'Allemands et de Slaves, dont les proportions varient.

Vienne même n'est pas une ville purement allemande, puisque sur une population de 1 million et demi d'habitants, on compte plus de 200.000 Tchèques 3.

Dans les groupes slaves, c'est absolument la même chose : on y trouve des enclaves allemandes. À ce point de vue, je ne parlerai que du groupe slave du nord, car, c'est la présence au nord et au nord-est de la Bohême de majorités allemandes, — minorités dans l'ensemble de ce royaume mais majorités chez elles, — qui détermine l'intérêt de l'empire allemand pour les affaires autrichiennes.

La répartition des nationalités en Bohême est un fait capital ; j'y reviendrai tout à l'heure.

Quelles sont maintenant les forces respectives de ces deux éléments slave et allemand, dont la réunion constitue l'Autriche.

Fidèle à un principe que je me suis imposé en écrivant cette étude, je ne citerai que des chiffres et des documents allemands.

La statistique allemande accuse la présence en Autriche de 14.805.000 Slaves et de 8.840.000 Allemands.

Je ne suspecterai pas la sincérité de cette statistique parce qu'elle est allemande, mais je dois signaler le procédé qui a servi à l'établir. La base d'évaluation n'a

---

[3] Ce chiffre est celui de 1897. À Vienne, en 1914, il y avait près de 400.000 Slaves, c'est-à-dire qu'en dix-sept ans la population slave de la capitale autrichienne avait presque doublé (1918).

pas été, comme on pourrait le croire, la race ou la nationalité, mais la langue usuelle de conversation, la *Uebungssprache*.

On a compté comme Allemands, tous individus parlant allemand dans la vie courante. Qu'en est-il résulté ? En raison des frontières étendues que présentent les groupes slaves limités par des terres allemandes et surtout à cause des prérogatives séculaires dont la langue allemande jouit en Autriche, un grand nombre de Slaves de race et de cœur sont dans l'obligation de parler allemand. De ce seul chef la statistique a été incontestablement faussée.

Malgré cette cause d'erreur, cette statistique allemande accuse une formidable majorité de 6 millions en faveur de l'élément slave en Autriche 4.

Cette supériorité du nombre, cependant séculaire, n'a servi en rien et ne sert encore en rien aux Slaves.

Forts de leur civilisation supérieure et plus ancienne, les Allemands d'Autriche les tiennent toujours dans l'oppression et la dépendance.

Tout près de nous, lorsque, en 1867, le comte de Beust conclut le compromis austro-hongrois, disposant de l'empire, l'élément slave ne fut même pas consulté.

---

[4] Les chiffres de ce fragment de chapitre datant de 1897 sont naturellement ceux qui étaient les derniers connus à cette époque. Depuis lors, ces chiffres ont beaucoup varié surtout en raison de la puissante prolificité des populations slaves de l'Autriche. Le tableau inséré à la page 153 résume la situation ethnographique de l'Autriche-Hongrie à la veille de la guerre (1918).

Encore aujourd'hui, l'administration, l'armée, tous les grands rouages de l'État sont entre des mains allemandes.

* * *

Mais, avec le siècle, un élément nouveau est entré en ligne et lentement a changé le fond des choses. Cet élément, c'est l'idée de nationalité, fille de la Révolution française.

Ce qui se passe en Autriche n'est pas un événement nouveau, mais une période nouvelle d'une évolution depuis longtemps commencée.

C'est le développement irrésistible et continu de l'idée motrice, de l'idée force de ce siècle : l'idée de nationalité.

Aujourd'hui, après avoir permis la résurrection des nations chrétiennes des Balkans, constitué l'Allemagne et l'Italie, l'idée de nationalité rend à la vie les nations slaves de l'Autriche.

Depuis cinquante ans surtout, s'accomplit dans cet empire un travail de renaissances nationales : lentement, tous les peuples slaves se ressaisissent.

Très superficiellement germanisés, les Polonais sont arrivés assez vite a arracher de larges concessions au gouvernement de Vienne.

Plus meurtris et plus divisés, les Slaves du sud n'ont fait que se reprendre : ils n'ont encore à peu près rien obtenu.

IV. Pourquoi au point de vue européen, la rivalité des races présente plus d'importance en Bohême que dans le reste de l'Autriche — La Bohême stratégique. — Tchèques et Allemands

Mais où la résurrection nationale a été vraiment inouïe, c'est en Bohême. Sur cette partie de l'Autriche, il faut concentrer l'attention, non seulement parce que Prague vient d'être le théâtre de graves événements, mais parce que les Tchèques sont à la tête du slavisme autrichien et qu'une fraction de ce pays est menacée d'annexion à l'empire allemand.

Losange de montagnes dont la pointe nord s'enfonce en fer de lance dans le royaume de Saxe, la Bohême, par ses frontières, semble avoir été créée pour abriter un peuple libre.

Pendant des siècles, le destin ne l'a pas voulu.

Jadis brillant et riche, le royaume de Bohême tomba sous la domination allemande après la bataille de la Montagne-Blanche, en 1620. Sa noblesse nationale fut dépossédée. Les couches germaniques étouffèrent tout; la langue tchèque même disparut. Ce fut, comme les historiens tchèques appellent cette période, « le sommeil de la nation ».

Mais, au début du siècle, la conception française de l'idée de patrie à son tour toucha la Bohême. De grands patriotes : ungmann, Palacky, Safarik, Rieger, entreprirent une tâche qui paraissait insensée : refaire la nation tchèque.

La langue tchèque fut reconstituée sur quelques vieux manuscrits échappés jadis aux autodafés des germanisateurs. Les vieilles chansons retrouvées décidèrent le réveil de la conscience nationale. Dès lors, le recul des Allemands commença. Parti de Prague, le mouvement s'irradia dans tout le royaume.

Partout, comme des morts qui renaissent, les Tchèques ont traversé les couches germaniques qui, depuis des siècles, les étouffaient : aujourd'hui, ils sont entièrement reconstitués en. corps de nation. Bien connue, cette extraordinaire résurrection sera un des étonnements de la future histoire.

Mais si la nation tchèque est refaite, le sol de la Bohême n'est pas entièrement reconquis.

Au nord et au nord-est, l'élément tchèque se heurte à des terres où l'élément germanique est mieux cristallisé. L'arc de cercle qui, en partant de l'est, comprend les villes de Trautenau, de Reichemberg, d'Aussig, de Carlsbad et d'Eger, contient une population en majorité allemande. C'est la Bohême allemande, expression qui n'a d'ailleurs rien d'absolu, car cette région comprend elle-même d'importantes enclaves slaves.

Très riche en mines et en chutes d'eau, elle est la partie la plus industrielle de la Bohême.

Les chefs d'entreprises, quoique Allemands, sont obligés de recourir aux ouvriers tchèques, en raison de leur habileté professionnelle et du bon marché de leur main-d'œuvre. Ainsi se sont formées les enclaves slaves, dites minorités tchèques du nord de la Bohême. Les plus importantes sont aux environs de Dux, de Brux et de Bodenbach.

Quoi qu'il en soit des droits et de l'histoire, le sol de la Bohême est partagé entre deux éléments ennemis : la région slave, habitée par 4 millions de Tchèques, et la région du nord et du nord-est peuplée de 2 millions d'Allemands.

L'intérêt de cette répartition ethnographique réside moins dans la rivalité des races en présence que dans l'importance de la région occupée, en Bohême, par les Allemands. Les frontières nord de la Bohême sont entièrement montagneuses. À l'ouest de l'Elbe ce sont les monts Métalliques, à l'est, ce sont les montagnes des Géants.

Succession de forteresses naturelles, cette région est au plus haut point stratégique. Commandée par quelques passages, elle est la clef de la Bohême, sa possession ouvre la route de Vienne.

Ce sont ces qualités stratégiques du nord de la Bohême, habité par une majorité allemande, qui vont forcer les grandes puissances à surveiller attentivement les affaires autrichiennes.

* * *

Les Allemands de Bohême, peu à peu refoulés au nord du royaume par l'élément tchèque renaissant, n'ont pas voulu et ne veulent pas voir les causes profondes de ce mouvement. Ils sentent seulement leurs avantages perdus. Ils voient disparaître leurs privilèges séculaires. À leur mépris des Tchèques a succédé une haine violente qui se traduit par des vexations sans nombre.

Craignant de paraître partial, je laisse à un Allemand le soin de caractériser les rapports existant entre les deux races.

Au congrès du parti allemand du droit, tenu en août à Francfort-sur-le-Mein, le baron de Schele de Hanovre a déclaré :

« Les Allemands de Bohême que je connais par moi-même et non par ouï-dire, considèrent les Tchèques comme une nation méprisable. Ils ne craignent pas de les outrager publiquement, de la plus grossière façon, en employant des expressions que je ne saurais reproduire ici. »

Les procédés que supposent ces paroles n'ont eu qu'un résultat : concentrer les Tchèques et décupler leurs forces.

V. La lutte à propos des ordonnances sur les langues de 1897 marque les débuts du Pangermanisme en Autriche

En dépit d'une loi électorale uniquement favorable à l'élément allemand, en 1896 les Tchèques ont envoyé au Reichsrath soixante-six députés, devenant ainsi le parti slave le plus important de toute l'Autriche. Dès lors, le gouvernement a dû compter avec eux. Pour obtenir leur concours, le comte Badeni, en avril 1897, a rendu les ordonnances réglant l'emploi des langues dans le royaume de Bohême. Ces ordonnances ont pour but de remédier aux plus criants abus résultant des prérogatives accordées jusqu'ici à la langue allemande. J'en résume les dispositions essentielles :

« À toute réclamation adressée aux ministères de l'Intérieur, des Finances, du Commerce, de l'Agriculture, aux autorités judiciaires, il sera répondu dans la langue de cette réclamation.

« Les actes officiels seront rédigés dans la langue des destinataires.

« Les autorités devront communiquer avec les communes et les arrondissements dans la langue de ces divisions administratives.

« Les communications générales seront rédigées en deux langues.

« Contre tout accusé, il sera requis dans sa langue.

« Tout jugement sera rendu dans la langue de l'accusé.

« Toute déposition sera rédigée dans la langue des témoins. »

Enfin, une série de mesures a pour objet d'assurer, à partir du 1er juillet 1901, la connaissance pratique des deux langues par les fonctionnaires.

En somme, donc, le tchèque n'est même pas mis sur un pied d'égalité avec l'allemand qui reste, comme jadis, la langue intérieure des administrations des Postes, des Télégraphes, de l'Armée et de la Gendarmerie. Comment donc des dispositions si justes, si modérées, ont-elles pu causer l'agitation actuelle ? La raison en est simple. Les Allemands de Bohême ne peuvent se faire à l'idée que le réveil de la nation tchèque doive leur coûter quelque chose. Cette conséquence, obstinément, ils ne veulent pas l'admettre. Tous les efforts des Tchèques pour les amener à reconnaître rationnellement le bien-fondé de leurs réclamations, sont restés infructueux. À tout argument, les Allemands de Bohême, s'inspirant du proverbe magyar : « L'homme slave n'est pas un homme », ont répondu : « Nous n'avons pas à discuter avec vous, vous êtes d'une race inférieure. »

Depuis dix mois, ils n'ont pas changé d'avis, et encore aujourd'hui, ils réclament le retrait des ordonnances sans discussion.

Le comte Badeni ne voulant pas manquer à sa parole, on s'est ligué contre lui. Dès le début, les Allemands de Bohême ont fait appel aux autres Allemands d'Autriche. Le plus grand nombre de ceux-ci ont pris fait et cause pour les frères du nord. Les protestations faites contre les ordonnances par la plupart des communes allemandes de l'Autriche le prouvent nettement. Mais une fois réunis, les Allemands d'Autriche se sont encore trouvés trop faibles contre les masses slaves et leurs députés au Reichsrath. Au nom du Pangermanisme, ils ont eu recours aux Allemands d'Allemagne.

En franchissant la frontière, subitement le débat a changé de caractère : de grave, la situation s'est faite menaçante; de local, l'intérêt des affaires d'Autriche est devenu européen.

En discutant dans la presse ou dans les réunions les ordonnances, Allemands d'Autriche et Allemands d'Allemagne sont arrivés à soulever d'un bloc la question du slavisme autrichien.

Avec stupeur, ils ont alors constaté les progrès, senti la force et les conséquences.

Les Allemands d'Autriche ont compris qu'ils marchaient à la perte de leur domination séculaire, les Allemands d'Allemagne à la ruine de la Triple-Alliance.

De cette vision de l'avenir est née comme une vaste coalition tacite pour la défense des intérêts communs.

Dans les deux empires, quelques hommes n'allant pas au fond des choses, se laissant griser par les mots, pangermanistes convaincus, ont pris rapidement leur parti.

Continuer l'agitation en Autriche, sous le prétexte des ordonnances, surchauffer l'opinion en Allemagne et forcer le gouvernement de Berlin à intervenir, tel est leur plan politique.

Chez les plus fougueux, les moins à craindre à cause de leur exagération, il ne s'agit rien moins que d'annexer, sous la forme plus ou moins déguisée d'un gigantesque *Zollverein*, l'Autriche entière à l'empire allemand.

Les autres, plus modérés et plus dangereux, se contenteraient, comme prix de cette intervention, de voir annexer la Bohême du nord, la Bohême stratégique.

VI. La propagande croissante en Autriche des sociétés inspirées de Berlin et ses résultats dès 1897

Depuis quelques mois, une campagne ardente répand ces projets dans toutes les terres allemandes : or ces projets portent en eux la guerre, ils exigent l'attention de l'Europe.

Malheureusement, il ne s'agit pas ici d'assertions vagues et mal définies. Trop de preuves sérieuses existent d'un tel état d'esprit.

Le député autrichien Prade, le même qui, le jour anniversaire de Sedan, a déclaré avoir pour souverain Guillaume II, s'est chargé, au début de septembre, de préciser, dans la *Volkzeitung*, de Reichemberg, la situation.

« Il ne s'agit plus, dit-il, des ordonnances sur les langues ni d'établir un accord entre députés allemands et tchèques, accord impossible à cause de la différence des idées, il s'agit de savoir si l'Autriche sera une grande puissance politique et sociale sous une direction allemande ou un État fédéral tchèque, polonais, allemand, qui fera une politique slavo-cléricale et qui, plus tard, se tournera contre l'empire allemand. »

Depuis quelques mois, les déclarations analogues abondent, les manifestations annexionnistes se multiplient. Les sociétés pangermanistes de l'empire allemand s'agitent fiévreusement.

Dirigée par M. Hasse, député au Reischtag, l'une d'elles, récemment encore peu connue, *l'Alldeutscher Verband* (l'Union pangermanique), cherche à diriger le courant et à renforcer le mouvement. Elle a organisé, à Leipzig, le jour anniversaire de Sedan, une série de fêtes où, en fraternisant, Allemands d'Autriche et Allemands d'Allemagne ont confondu, dans une même haine, les Slaves d'Autriche et les Français. Au banquet qui a terminé la journée le rédacteur, Hoger d'Efer, se faisant l'interprète des Allemands de Bohême, a déclaré : « Jamais nous n'abandonnerons le combat, car nous savons que derrière nous sont les 50 millions d'Allemands de l'empire. Notre devise à nous, Allemands de Bohême, reste toujours : « Un Dieu, un empereur, un empire. »

Ces paroles sont la traduction fidèle des sentiments de la majorité des Allemands d'Autriche. Les cartes postales, avec dessins, que les Allemands aiment à échanger pendant leurs voyages, ont manifesté partout des sentiments identiques. J'en possède deux, l'une où un saint Michel allemand repousse du pied dans les flammes un Slave tenant les ordonnances ; l'autre où le « Michel » allemand, un bâton à la main, est prêt à frapper sur les Tchèques.

La première conséquence d'une telle campagne a été l'affaiblissement du loyalisme des Allemands d'Autriche envers François-Joseph. Dans la Bohême allemande, ce loyalisme n'existe réellement plus. Les bustes de Bismarck ont remplacé ceux des descendants des Habsbourg, le drapeau autrichien a fait place au drapeau allemand et le chant national est devenu la *Wacht am Rhein*.

Quant à la haine contre les Tchèques, elle s'est répandue au nord de la Bohême dans toutes les régions allemandes. Un seul exemple en donne l'idée.

Le 15 octobre dernier, le conseiller Foehler n'a pas craint de déposer sur le bureau du Conseil municipal de Vienne la proposition dont j'extrais les passages suivants :1° « Toute fonction municipale, tout travail municipal, ne sera plus confié à un Tchèque; 2° un appel sera fait à la population viennoise pour la prévenir contre le danger menaçant de la tchéquisation ; pour lui demander de ne confier ni une place ni un travail à un Tchèque qui manifesterait, d'une manière quelconque, ses sentiments anti-allemands.

Les récents troubles de Vienne ont montré combien cette proposition correspondait aux passions d'une fraction importante de l'opinion.

Au Reichsrath, les députés allemands annexionnistes représentent fidèlement leurs électeurs. Tout le monde connaît la violence des manifestations pangermanistes du chevalier de Schönerer.

En plein Parlement, le député Wolf s'est écrié : « Vive la Germanie irrédentiste ». Le 24 mai, devant une assemblée de professeurs réunis à Salzbourg, le député Iro n'a pas craint de déclarer :

« Il nous faut la réunion de l'empire d'Autriche à l'Allemagne. L'Autriche deviendra une province confédérée, comme les autres provinces allemandes. L'empereur pourra continuer à s'appeler empereur, s'il le veut. Pour nous, nous comptons sur notre mère la

Germanie, qui n'abandonnera pas ses enfants en Autriche. »

Ces appels ont trouvé en Allemagne un puissant écho.

« Partout dans l'empire allemand, on suit de la façon la plus cordiale et la plus sympathique le combat que les Allemands mènent en Autriche, « pour leur nationalité et leur langue », constatait un journal allemand.

La propagande matérielle a suivi de près ces preuves d'intérêt platonique. Cet été, des milliers d'appels ont été répandus dans le nord de la Bohême. A Reichemberg, à Teplitz, à Saaz, à Krumau, à Tetschen, on a distribué à profusion des brochures reproduisant en tête la Germania. On pouvait y lire les lignes suivantes :

« Aux agissements impudents des Tchèques, il n'y a qu'une réponse à faire : chassons les Tchèques de toutes les maisons allemandes, de toutes les fabriques allemandes... C'est le devoir de tout bon Allemand d'agir ainsi. Plus de domestiques, plus d'ouvriers tchèques ; qu'un Allemand n'achète plus chez un Tchèque ou chez ceux qui les soutiennent ».

Le 22 août, les *Leipziger Neueste Nachriten* ont énuméré les conditions auxquelles l'empire autrichien peut subsister. Parmi celles-ci, je relève : la reconnaissance de l'allemand comme langue d'État en Autriche ; l'entrée de tout l'empire dans une union douanière et commerciale avec l'empire allemand. C'est bien, on en conviendra, l'annexion à peine déguisée.

En Allemagne, les individus partagent la passion des journaux.

Le lendemain de son duel avec le comte Badeni, le député Wolf a reçu de tous les points de l'empire allemand plus de six cents télégrammes de félicitations.

Des cartes postales avec portraits des adversaires, les conditions et le résultat du duel ont échangé à travers la frontière le *Deutscher Gruss* (salut allemand) des particuliers.

Tout récemment enfin, Mommsen montre le succès de la campagne entreprise.

Sa lettre à la *Neue Freie Presse* ne constate pas seulement les sympathies des classes éclairées allemandes pour le mouvement antislave en Autriche, elle constitue une dangereuse excitation.

J'en rappelle la phrase principale déjà si commentée : « Soyez unis, restez Allemands avant tout; c'est mon premier conseil. Et puis, soyez durs; ce n'est pas par la raison qu'on peut faire entrer quelque chose dans la tête d'un Tchèque, mais surtout par les coups; c'est là mon second conseil ». Paroles décevantes qui font douter de la raison humaine. Comment un vieillard, un savant, un historien, a-t-il pu les écrire ? D'autres passages de la même lettre indiquent bien la portée des événements actuels.

« Il s'agit de tout pour vous, c'est une lutte à la vie à la mort, une lutte d'où doit sortir le triomphe de la civilisation allemande. » — « De même que les

Allemands d'Autriche regardent vers l'Allemagne, de même les Allemands regardent vers l'Autriche ». — « Le Danube comme le Rhin restera un fleuve allemand. »

L'enthousiasme soulevé à Berlin par ce manifeste prouve à quel point les Allemands d'Allemagne se solidarisent avec ceux d'Autriche.

Mais ce n'est pas tout. Cette opinion allemande qui en Autriche et en Allemagne, réclame l'annexion du nord de la Bohême, il semble qu'on la prépare depuis des années.

J'ai entre les mains le *Manuel de géographie pour les écoles supérieures de filles*, de M. G. Brust et H. Berdrow (staedt Lehrern in Berlin). Cet ouvrage a été publié, en 1895, chez Klinkhardt à Leipzig.

On trouve ceci :

Page 6. — L'empire allemand est divisé en cinq parties.

Quatrième partie : L'enceinte nord de la Bohême (Die nördliche Umwallung Böhmens).

Les auteurs du manuel, considérant sans doute l'état de l'opinion, annexent, dès maintenant, à l'empire allemand la partie nord, la partie stratégique du royaume de Bohême.

On ne saurait mettre cette singulière erreur sur le compte d'une faute d'impression, car, à la page 36 de l'ouvrage, on trouve la carte de cette quatrième partie de l'empire allemand, « l'enceinte nord de la Bohême ».

Voilà ce que, depuis au moins deux années, on enseigne aux jeunes gens de l'empire allemand.

Y a-t-il là autre chose que la préparation scientifique de l'annexion?

C'est cet ensemble de faits groupé, éclairé, raisonné, qui constitue une menace pour la paix...

Comment permettre à l'Empire le plus militaire du monde de posséder la forteresse naturelle qui commande l'Europe centrale ?

Comment alors, si l'on suppose cette conquête réalisée, donner à l'Empire allemand, tenant sous ses canons un peuple sans défense, la tentation de s'étendre jusqu'à Vienne, au centre de ce groupe allemand, son voisin par la Bavière, qui dès maintenant l'appelle ?

Comment, une fois à Vienne, lui donner la tentation plus forte encore de la mer, lui montrer un chemin facile à travers les Slaves du sud impuissants ?

Laisser s'accomplir l'annexion de la Bohême stratégique, c'est vouloir dans l'avenir l'Allemagne de Hambourg à Trieste.

VII. Situation intérieure générale de la monarchie des Habsbourg à la veille de la guerre

Tel était le tableau qu'on pouvait dessiner en 1897 de la lutte entre Slaves et Allemands en Autriche. Depuis cette date, elle n'a fait que s'aggraver et s'étendre à toute la Hongrie, où, d'accord avec les gouvernants allemands de Vienne, les gouvernements magyars de Budapest oppriment cruellement les Slaves (Serbo-Croates, Slovaques et Ruthènes) et les Latins (Roumains).

Ainsi donc, en résumé, dans toute la monarchie des Habsbourg, Slaves et Latins devenus de plus en plus conscients de leurs droits ont élevé des protestations sans cesse plus véhémentes contre l'hégémonie germano-magyare. Malgré leur ténacité, les efforts des Slavo-Latins ne pouvaient pas aboutir par des moyens légaux pour les deux raisons capitales suivantes. En Hongrie, la loi électorale était violée si cyniquement par tous les cabinets magyars qui se succédaient au pouvoir qu'il a toujours été impossible aux Slavo-Latins d'obtenir, — et à beaucoup près, — des députés proportionnellement à leur nombre. En Autriche, la pression électorale étant moins inique qu'en Hongrie, les Slaves, tout en ne pouvant pas avoir le chiffre de députés dus à leur nombre, sont arrivés parfois à posséder en fait la majorité au Parlement de Vienne. Mais ce résultat apparemment si important ne leur a servi à rien car les ministres de Vienne ne relèvent que de l'empereur d'Autriche et quand le Reichsrath s'est prononcé contre leur désir, ces ministres l'ont renvoyé purement et simplement, gouvernant ensuite au moyen du fameux paragraphe 14, texte constitutionnel dont l'application absolutiste réduit à néant tous les efforts du Parlement de Vienne.

Étant donné ces diverses conditions, on conçoit que la lutte des Slavo-Latins contre les Germano-Magyars en Autriche-Hongrie était devenue à la fois formidable et exaspérée. Comme cette lutte avait avant tout un caractère national et racial le meilleur procédé de donner une notion aussi exacte que possible des forces opposées est de résumer dans le tableau ci-contre quel était l'état des peuples et des races en Autriche-Hongrie à la veille même de la guerre.

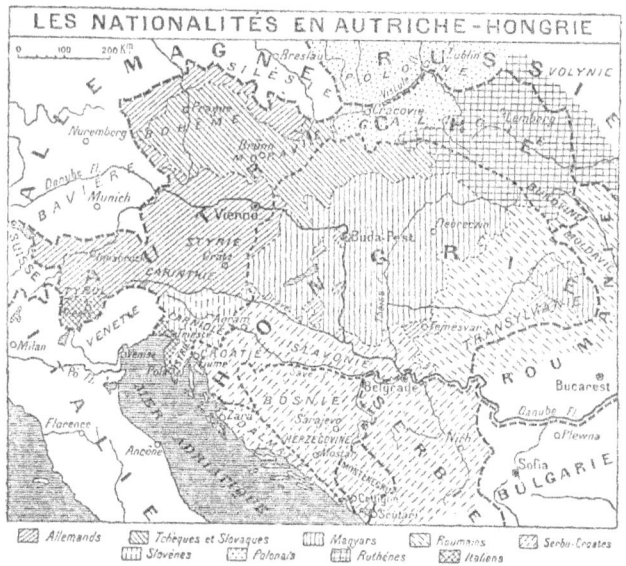

Les nationalités en Autriche-Hongrie

Les peuples soumis aux Habsbourg appartenaient à *neuf* nationalités relevant de *quatre* races. Ils étaient répartis entre *trois* régions bien distinctes :

L'Autriche ou Cisleithanie ;

La Hongrie ou Transleithanie (qui comprend la Croatie-Slavonie, dotée d'un régime spécial) ;

La Bosnie et l'Herzégovine, dont la situation constitutionnelle n'était pas nettement définie, mais qui peut être considérée comme une sorte de territoire d'empire.

Or, *ces chiffres étaient faux*, car ils étaient établis par les Allemands et Magyars à leur seul profit, au détriment des Slaves et des Latins qui sont, en réalité, beaucoup plus nombreux.

Et cependant, en prenant ces chiffres systématiquement truqués par les administrations de Vienne et de Budapest, on constate ce fait qui domine tous les autres. *Dans les dernières années ayant précédé la guerre, dans l'empire des Habsbourg comptant 50 millions de sujets (sans les étrangers), 12 millions d'Allemands et 10 millions de Magyars soit 22 millions de Germano-Magyars, tenaient sous le joug 28 millions de Slaves et de Latins.*

Chiffres arrondis en dizaines de mille)					
Autriche		Hongrie		Bosnie et Herzégovine	
Allemands	9.950.000	Magyars	10.050.000	Serbo-Croates (orthodoxes ou musulmans d'origine serbe)	2.000.000
Tchèques	6.440.000	Roumains	2.950.000		
Polonais	4.970.000	Serbo-Croates	2.940.000		
Ruthènes	3.520.000	Allemands	2.040.000		
Slovènes	1.260.000	Slovaques	1.970.000		
Serbo-Croates	790.000	Ruthènes	480.000		
Italiens	770.000				
Roumains	280.000				
	27.980.000		20.430.000		2.000.000

Rapport des nationalités et des races (Chiffres arrondis en dizaines de millions)					
Autriche		Hongrie		Bosnie et Herzégovine	
3 races et 8 nationalités		4 races et 6 nationalités		1 race et 1 nationalité	
Germains (Allemands)	10	Magyars (race spéciale d'origine asiatique)	10	Slave (Serbo-Croates)	2
Slaves (Tchèques, Polonais, Ruthènes, Slovènes, Serbo-Croates)	17	Slaves (Serbo-Croates, Slovaques, Ruthènes)	5		
Latins (Italiens et Roumains)	1	Latins (Roumains)	3		
		Germains (Allemands)	2		

Les races de tout l'Empire	
Slaves	24.000.000
Germains (Allemands)	12.000.000
Magyars	4.000.000
Latins	50.000.000

Or, les Slavo-Latins qui depuis quelques années étaient devenus pleinement conscients de leurs droits, mais étaient dans l'impossibilité de trouver une voie légale pour obtenir gain de cause, furent tout à coup encouragés à accentuer leurs revendications et à les faire aboutir au besoin par des moyens révolutionnaires.

CONCLUSIONS

Le Traité de Bucarest du 10 août 1913 enregistra les résultats des guerres balkaniques de 1912-1913. Elles avaient tourné contrairement à toutes les prévisions et aux ardents espoirs des gouvernements de Vienne et de Berlin. La Bulgarie et la Turquie, puissances germanophiles des Balkans, avaient été vaincues par la Roumanie, la Grèce, et surtout par la Serbie, états dont les sympathies pour la Triple Entente étaient de plus en plus manifestes.

La situation établie par le Traité de Bucarest du 10 août 1913 bouleversa tous les plans de Berlin. D'abord, elle créait une barrière d'États anti-pangermanistes dans les Balkans (v. la carte p. 62 du *Plan pangermaniste démasqué*). La réalisation du Hambourg-Bagdad se trouvait ainsi d'autant plus compromise que le nouvel état de choses dans les Balkans allait déterminer, en Autriche-Hongrie, un renversement des forces politiques qui devait fatalement faire perdre sa suprématie au germanisme.

En effet, les succès des Roumains, des Grecs et des Serbes en 1913, eurent pour effet réflexe d'accroître, dans une énorme proportion, la volonté, chez les Slavo-Latins opprimés en Autriche-Hongrie, de hâter leur libération du joug germano-magyar en obtenant des droits proportionnels à leur nombre, c'est-à-dire en imposant, à tout le moins, le fédéralisme à la dynastie des Habsbourg. Le mouvement s'annonçant irrésistible, c'était le triomphe certain des Slaves et des Latins dans leur longue lutte contre les Habsbourg et ce triomphe allait se produire automatiquement, en pleine paix, par le seul effet des conséquences psychologiques du Traité de Bucarest.

Or, l'expansion démocratique des Slaves et des Latins de l'Autriche-Hongrie ne pouvait manquer de déterminer ces deux résultats :

1° Anéantir l'hégémonie des éléments aristocratiques germano-magyars en Autriche-Hongrie et, par conséquent, permettre le développement de peuples nettement anti-germains et plus prolifiques que les Allemands.

2° Mettre un obstacle radical à l'accomplissement du plan pangermaniste berlinois basé tout entier sur la réalisation du Hambourg-Golfe Persique.

Les deux conséquences du Traité de Bucarest signifiaient donc l'effondrement certain de toutes les ambitions allemandes préparées depuis vingt ans et la fin du pouvoir des Habsbourg, dynastie allemande qui, depuis l'annexion de la Bosnie et de l'Herzégovine, ne pouvait plus se maintenir au pouvoir qu'en restant sous l'égide des Hohen-zollern.

Cette évolution des choses était si évidemment certaine que les gouvernements de Berlin et de Vienne se mirent très aisément d'accord, dès le lendemain même du Traité de Bucarest, sur la nécessité de principe de détruire l'état de choses créé par lui. Ce traité est du 10 août 1913 et c'est le 6 novembre 1913, pendant le séjour du roi Albert de Belgique à Potsdam que le

Kaiser annonça à ce dernier que la guerre était « inévitable et prochaine » (v. Barons Beyens. *L'Allemagne avant la guerre*, p. 24.)

L'assassinat de l'archiduc François-Ferdinand, en juillet 1914, fut considéré comme un excellent prétexte à l'écrasement de la Serbie considérée à Berlin et à Vienne comme l'ennemie principale du germanisme puisqu'elle était devenue la base des forces anti-pangermanistes dans les Balkans. Une fois la Serbie réduite et humiliée, tous les autres Slaves et Latins de l'Europe centrale seraient, par voie de conséquences, contraints de subir à nouveau l'hégémonie germanique. C'est pourquoi la volonté de détruire l'état de choses créé par le Traité de Bucarest constitue *La Cause immédiate de la Guerre,* c'est-à-dire sa cause la plus apparente mais, en réalité cette cause fut une cause secondaire parce que celle-ci était dominée par une autre cause que nous allons dégager comme conclusion du présent livre.

Assurément, pour bien comprendre comment la nouvelle situation balkanique, existant à la fin de 1913, devait fatalement et prodigieusement réagir sur celle de l'Autriche-Hongrie, il est indispensable de bien saisir *La Cause immédiate de la Guerre,* c'est-à-dire pourquoi, en 1912-1913, la Serbie, la Roumanie, la Grèce ont pu transformer les Balkans malgré l'Europe, aussi bien malgré la Triple Entente qui était nettement pacifiste, que malgré la Triplice. L'exposé de cette situation fait l'objet du livre : *La Cause immédiate de la Guerre* qui est la suite de celui-ci. Sa documentation permet de comprendre par des constatations diverses et multiples que, si les Allemands de Vienne et de Berlin décidèrent d'écraser la Serbie, même en risquant une guerre mondiale, c'était avant tout pour sauver l'hégémonie germano-magyar en Autriche-Hongrie. En outre, en donnant un tableau exact de l'état moral et de la situation des forces matérielles de chacun des États balkaniques à la veille de la guerre mondiale, *La Cause immédiate de la Guerre* contient les arguments de fait démontrant que c'est en réalité l'état de choses créé par le Traité de Bucarest du 10 août 1913 qui a permis, en octobre 1918, la victoire des Alliés sur le Danube, victoire qui, en fait, a déterminé la capitulation des Allemands sur le front ouest le 11 novembre 1918. Cette vérité se trouve pratiquement constatée par ce passage de la lettre que, le 3 octobre 1918, le maréchal Hindenburg écrivait au Chancelier de l'Empire : « Par suite de l'écroulement du front de Macédoine et de la diminution des réserves qui en est résultée pour le front occidental... la situation devient de jour en jour plus critique... Dans ces conditions, il vaut mieux cesser la lutte. »

La Cause immédiate de la Guerre complète donc la démonstration de ce livre : *Les Causes lointaines de la Guerre*. Les deux ouvrages établissent la complète vérité de ce que le comte de Karoly proclamait le 12 décembre 1916 à la Chambre hongroise : « L'Allemagne se bat pour le Berlin-Badgad ». (v. *Le Journal de Genève*, 30 décembre 1916.)

Par conséquent, en toute dernière analyse, on aboutit à conclure que la guerre a pour cause essentielle, profonde et ancienne, le Pangermanisme dont la réalisation impliquait la nécessité, pour les Allemands, de conserver l'Autriche-Hongrie en sa forme ancienne afin de pouvoir faire durer l'hégémonie germano-magyar sur les Slaves et les Latins de l'Europe centrale, le maintien de cette hégémonie étant une condition indispensable de la réalisation du Hambourg-Bagdad.

C'est uniquement par l'effet des répercussions politiques de l'ultimatum à la Serbie que la guerre s'est développée géographiquement surtout à l'Occident de l'Europe entre l'Allemagne d'une part, la France, l'Angleterre et les États-Unis d'autre part. Mais il est capital pour la compréhension du passé, du présent et de l'avenir, de « réaliser » que, si les gouvernements de Berlin et de Vienne ont déchaîné la guerre en 1914, ce ne fut pas surtout, comme on le croit généralement encore dans les pays alliés, à cause de la Russie, de la France ou de l'Angleterre, *mais principalement et substantiellement* afin d'assurer l'hégémonie allemande sur l'Europe centrale.

FIN

André Chéradame

LES CAUSES LOINTAINES DE LA GUERRE

www.ingramcontent.com/pod-product-compliance
Lightning Source LLC
Chambersburg PA
CBHW051109160426
43193CB00010B/1371